nap

new academic press

Wassili Grossman

Die Hölle von Treblinka

Mit einer Einleitung von Dieter Pohl und
einem Nachwort von Irina Scherbakowa

VWI Studienreihe
Herausgegeben vom Wiener Wiesenthal Institut für Holocaust-Studien (VWI)

Band 5

new academic press, Wien, Hamburg 2020

Das Wiener Wiesenthal Institut für Holocaust-Studien (VWI) wird gefördert von

Bundesministerium Bildung, Wissenschaft und Forschung

Stadt Wien | Kultur

Bundeskanzleramt

new academic press
www.newacademicpress.at
www.vwi.ac.at
Lektorat: Verena Pawlowsky und Marianne Windsperger
Druck und Bindung: CPI
Gestaltung: Hans Ljung
ISBN 978-3-7003-2177-4

Titelblatt unter Verwendung der deutschsprachigen Originalausgabe:
Verlag für fremdsprachige Literatur, Moskau 1946
Übersetzt von Lilly Becher

Inhaltsverzeichnis

Editorische Notiz

Der Reprint folgt sprachlich und was die Rechtschreibung betrifft exakt dem Original. Wo es notwendig erschien, wurden in Endnoten erklärende Kommentare oder Erläuterungen ergänzt, die manchmal schwer nachvollziehbare Transkription aus dem Russischen bzw. Ukrainischen mit den heute gebräuchlichen Bezeichnungen bzw. Ortsnamen angeführt. Die manchmal widersprüchliche Transkription von Ortsnamen und Namen ergibt sich aus den sprachlich unterschiedlichen Ursprungsbezeichnungen (Berditschew/Berdytschiw) bzw. aus den unterschiedlichen Transkriptionen des Russischen in die jeweilige Zielsprache.

Dieter Pohl

Wassili Grossman und das Wissen um das Vernichtungslager Treblinka[1]

Am 9. August 1944 befreite die Rote Armee die polnische Kreisstadt Sokółow Podlaski von deutscher Besatzung, in der Nähe befand sich das Gelände des ehemaligen Vernichtungslagers Treblinka, das nach schweren Kämpfen am 18./19. August 1944 von Einheiten der 65. Armee erreicht wurde.[2] Kurz zuvor war noch das nahe gelegene Arbeitslager (Treblinka I) geräumt worden, dort hatte die deutsche Lagermannschaft im Juli 550 Häftlinge, alle jüdischen Zwangsarbeiter, erschossen.[3] Die Spuren des in der Nachbarschaft gelegenen Vernichtungslagers (Treblinka II) hatten die deutschen Lagerfunktionäre bereits lange vorher, um die Jahreswende 1943/1944 weitgehend beseitigt.

Schon in den Tagen vor dem Einmarsch konnte die sowjetische Militärpolizei mehrere Wachmänner des Arbeits- und des Vernichtungslagers verhaften.[4] Nach dem Eintreffen in Treblinka wurde eine erste Untersuchungskommission gebildet. Auch meldete sich am 26. August 1944 ein Zeuge, der jüdische Überlebende des Arbeitslagers Mieczysław Chodzko mit einem Leserbrief in der neuen Zeitung *Rzeczpospolita* (Republik) und wies auf die Bedeutung des Vernich-

1 Dem Andenken an Jürgen Zarusky (1958–2019) gewidmet.

2 Auszug aus dem Operativbericht des Generalstabs der Roten Armee Nr. 233 (1271), 20. August 1944; http://gua.convdocs.org/docs/2721/index-518501.html?page=47 (22. Juli 2019).

3 Archiv des Sluschba bespeky Ukrajiny [Sicherheitsdienst der Ukraine] (SBU), Kiew, Gerichtsakten Nr. 94 gegen Schewtschenko u. a., Archivnr. 13199, Band.1, Bl. 113-118, Vernehmung Pawel M. Koslow, 19. August 1944.

4 Ebd., Vernehmung Pawel M. Koslow, 15. August 1944.

tungslagers hin. Dort seien Juden aus ganz Europa ermordet worden.[5]

Anfang September fuhr schließlich eine kleine Gruppe sowjetischer Offiziere aus Lublin nach Treblinka, um den Ort in Augenschein zu nehmen. Mit den zwei anderen kam auch der sowjetische Schriftsteller Wassili Grossman, der zu diesem Zeitpunkt als Kriegsjournalist diente, nach Treblinka. Dieser Besuch war der Ausgangspunkt für Grossmans berühmten Artikel *Treblinski ad* (Die Hölle von Treblinka), der zunächst im November 1944 in der russischen Literaturzeitschrift *Snamja* (Banner) erschien, dann aber in erweiterter Form als Broschüre, die in viele Sprachen übersetzt wurde.

Grossman war damals bereits 48 Jahre alt und galt als etablierter Schriftsteller in der Sowjetunion. In den 1930er-Jahren hatte er seinen Ingenieurberuf an den Nagel gehängt, um Schriftsteller zu werden. Während der Jahre des ‚Großen Terrors' drohte er in den Strudel der stalinistischen Massenmorde gerissen zu werden, sowohl seine Schwägerin als auch seine Lebensgefährtin befanden sich zeitweise in Haft. Dennoch kam er mit heiler Haut davon. Nach dem deutschen Angriff im Juni 1941 wurde er zunächst als bedingt diensttauglich vom Militärdienst zurückgestellt, meldete sich jedoch freiwillig als Kriegsjournalist. Von da an berichtete er von nahezu allen Brennpunkten des Krieges für die wichtigste Militärzeitung der Sowjetunion *Krasnaja Swesda* (Roter Stern), vor allem von den Schlachten um Moskau 1941, Stalingrad, Kursk 1943 und über die sowjetische Sommeroffensive durch Weißrussland im Sommer 1944.

Grossman selbst stammte aus einer jüdischen Familie im ukrainischen Berdytschiw, einem Zentrum des osteuropäischen Judentums. Um 1900 hatten Juden etwa 80 Prozent der Einwohnerschaft ausge-

5 Mieczysław Chodzko, List do Redakcji [Brief an die Herausgeber], in: Rzeczpospolita (Lublin), 26. August 1944, online unter: http://dlibra.kul.pl/dlibra; französische Übersetzung: Mieczysław Chodzko, Évadé de Treblinka [Flucht aus Treblinka], Paris 2010, 148 f.

macht, unmittelbar vor der deutschen Besetzung stellten sie immer noch die Hälfte der etwa 66.000 Menschen dort. Obwohl Grossman in einem eher säkularisierten Umfeld aufwuchs, interessierte er sich frühzeitig für Leben und Schicksal der Juden. So thematisierte seine kurze Erzählung *W gorode Berditschewe* (In der Stadt Berditschew) von 1934, die den Weg für seinen literarischen Durchbruch bereitete, das Schicksal der Juden des Schtetl während des Russischen Bürgerkrieges 1919.[6]

Mit dem deutschen Angriff auf die Sowjetunion und dem Beginn der systematischen Massenmorde wurde auch Grossman unausweichlich mit dem jüdischen Schicksal konfrontiert. Während seine Lebensgefährtin, seine Tochter und seine Schwestern noch rechtzeitig evakuiert worden waren, geriet seine Mutter in die Fänge der deutschen Herrschaft. Sie wurde in Berdytschiw ins Ghetto eingewiesen und schließlich beim großen Massaker am 15. September 1941 erschossen. Für Wassili Grossman blieb es zeitlebens ein Trauma, dass er seine Mutter nicht hatte retten können.[7]

In der Sowjetunion wurde auf Weisung Stalins 1941 das Jüdische Antifaschistische Komitee (Jewreiski Antifaschistski Komitet; JAK) gebildet, eine Organisation, die sowohl die Mobilisierung der sowjetischen Juden für die Kriegsanstrengung als auch eine Einwirkung auf die jüdischen Gemeinden in den USA zum Ziel hatte. Das Komitee bemühte sich von Anfang an, Informationen über die deutschen Verbrechen an Juden zu sammeln und diese zu verbreiten. Im Juli 1943 publizierte Grossman seinen ersten Text, der den Mord an den Juden zum Thema hatte: *Stary utschitel* (Der alte Lehrer). In der jiddischsprachigen Zeitschrift *Ejnikajt* (Einigkeit) des JAK erschien dann auch im

6 Vgl.: Alexandra Popoff, Vasily Grossman and the Soviet Century, New Haven 2019, 74-76.

7 John Gordon/Carol Garrard, The Bones of Berdichev. The Life and Fate of Vasily Grossman, New York 1996, allerdings mit zahlreichen Unsicherheiten im Detail.

November/Dezember 1943 sein berühmter Artikel *Ukraina on Yidn* (Ukraine ohne Juden).[8]

Fast ein Jahr später, im September 1944, betrat er in der Nähe der Bahnstation Treblinka das Gelände eines der größten Massengräber Europas. Das Vernichtungslager war zwischen April und Juli 1942 auf Weisung der SS- und Polizeiführungen von Lublin und Warschau errichtet worden, als drittes Mordzentrum der ,Aktion Reinhardt' neben den Lagern Belzec und Sobibor. Dort sollten vor allem die Juden aus den Ghettos der Distrikte Warschau und Radom ermordet werden. Allein im Ghetto in Warschau lebten im Frühling 1942 an die 400.000 Menschen unter katastrophalen Bedingungen auf engstem Raum.

Das Vernichtungslager, im internen Sprachgebrauch der Täter ,Sonderkommando Treblinka' genannt, wurde von nur etwa 30 deutschen Funktionären betrieben, die meisten von ihnen hatten sich bis August 1941 an den Krankenmorden im Deutschen Reich beteiligt. Der erste Lagerkommandant war sogar selbst Arzt, Irmfried Eberl. Er wurde jedoch bald durch den Laufbahnpolizisten Franz Stangl abgelöst, dem schließlich in der Endphase des Lagers der gelernte Koch Kurt Franz nachfolgte. Den wenigen Deutschen standen jeweils etwa 120 bis 150 ausländische Hilfskräfte, sogenannte Trawniki-Männer, als Bewacher zur Seite. Dabei handelte es sich um ehemalige sowjetische Kriegsgefangene, die in deutsche Dienste getreten waren, um aus den Kriegsgefangenenlagern der Wehrmacht zu entkommen, meist Ukrainer oder Sowjetdeutsche.[9]

8 Deutsche Übersetzung von Jürgen Zarusky: Wassili Grossman, Ukraine ohne Juden, in: Johannes Hürter/Jürgen Zarusky (Hg.), Besatzung, Kollaboration, Holocaust. Neue Studien zur Verfolgung und Ermordung der europäischen Juden, München 2008, 195-200; vgl.: Shimon Redlich, Propaganda and Nationalism in Wartime Russia, The Jewish Antifascist Committee in the USSR, 1941–1948, Boulder CO 1982; Popoff, Vasily Grossman, 153-163.

9 Eine Lagergeschichte, die modernen Ansprüchen genügt, ist noch nicht geschrieben, vgl. aber: Yitzhak Arad, Belzec, Sobibor, Treblinka. The Operation Reinhard Death Camps, Bloomington/Indianapolis 1987; Jacek Andrzej Młynarczyk, Treblinka – ein Todeslager der Aktion Reinhard, in: Bogdan Musiał (Hg.), Aktion Rein-

Der Aufbau des Lagers musste weitgehend von jüdischen Zwangsarbeitern aus der Umgebung, auch Häftlingen des nahe gelegenen Arbeitslagers Treblinka, das seit 1941 bestand, bewerkstelligt werden. Zwischen Mai und Juli 1942 wurde ein etwa 20 Hektar großes Areal in der Nähe der Bahnstation Treblinka abgezäunt. Darauf wurden drei Lagerteile aufgebaut, für die SS, für die Funktionshäftlinge und, streng davon abgeschirmt, für die Massenmorde. In diesem Lagerteil stand eine Baracke mit mehreren Räumen, die abgedichtet wurden und als Gaskammern dienen sollten. Es gab auch einen großen Motor, vermutlich bei einem Panzer ausgebaut, dessen Abgase ins Innere der Räume geleitet werden konnten. Der Aufbau des Lagers folgte den Strukturen, die man in Belzec und Sobibor errichtet hatte, nur in größerer Dimension.

Am 22. Juli 1942 traf ein erster Todestransport aus Warschau ein, bald folgten zwei Züge täglich aus Warschau, aber auch weitere Güterzüge voller Menschen aus anderen Städten der Distrikte Warschau und Radom. Für die Ankunft der Züge im Lager hatte man ein eigenes Nebengleis von der Bahnstrecke weg installiert, sowie eine Rampe, an der die Opfer aussteigen mussten. Nur wenige der Insassen sonderte die SS als Häftlinge für das Lager aus, die übrigen wurden in einen Lagerbereich getrieben, in dem sie sich, nach Männern und Frauen getrennt, entkleiden mussten. Anschließend trieben die Wachmänner zuerst die jüdischen Männer, dann Frauen und Kinder durch den ‚Schlauch', einen Doppelzaun, der mit Laub blickdicht gemacht worden war. Die Opfer wurden in die Räume des Gaskammer-Gebäudes gepfercht und dort mit den Motorabgasen erstickt. Das Sonderkommando aus jüdischen Häftlingen zog die Leichen anschließend heraus und warf sie in vorbereitete Gruben.

hardt – Die Vernichtung der Juden im Generalgouvernement, Osnabrück 2004, 257-281; Chris Webb/Michal Chocholatý, The Treblinka Death Camp. History, Biographies, Remembrance, Stuttgart 2014; zu den deutschen Tätern vgl.: Sara Berger, Experten der Vernichtung. Das T4-Reinhardt-Netzwerk in den Lagern Belzec, Sobibor und Treblinka, Hamburg 2013.

Dieser Ablauf des Verbrechens wiederholte sich nun alle paar Stunden. Schon im August 1942 gestaltete er sich jedoch immer chaotischer. Die Ankommenden waren mit Bergen von Kleidern konfrontiert, oft dauerten die Morde noch an und man konnte die Schreie derjenigen hören, die ins Todeslager getrieben wurden. Schließlich brach der Lagerbetrieb zusammen und die Transporte mussten Ende August für einige Tage gestoppt werden. Kommandant Eberl wurde versetzt und Franz Stangl übernahm die Leitung. Gleichzeitig begann man mit dem Bau eines zweiten, größeren Gaskammer-Gebäudes. Bis Mitte Dezember 1942 wurden nun jeden Tag Tausende in diesem relativ kleinen Gelände ermordet, inzwischen auch Juden aus dem Distrikt Lublin. Mitte Jänner 1943 wurden die Massenmorde wieder aufgenommen. So kamen im März und April 1943 auch Juden aus den Gebieten, die Bulgarien besetzt hatte, Westmazedonien in Jugoslawien, Ostmazedonien und Westthrakien in Griechenland, nach Treblinka. Nach dem Frühjahr 1943 nahm die Zahl der Todestransporte deutlich ab, die meisten Ghettos in Polen waren inzwischen – mittels Massenmord – aufgelöst.

Im Hochsommer 1943 lebten etwa 840 Häftlinge im Lager. Am 2. August 1943, während ein Teil der deutschen Mannschaft sich auf einem Badeausflug befand, organisierte eine Gruppe von Häftlingen um Julian Chorążycki, Zeev Kurland, Želomir Bloch, Israel Sudowicz und Władysław Salzberg eine Revolte und einen Massenausbruch. Ein deutscher Lagerfunktionär und etwa fünf bis sechs Trawniki-Männer wurden verletzt. Mehreren Hundert Häftlingen gelang es, die verminte Zone um das Lager lebend zu überwinden und in die Wälder zu flüchten, nur etwa 70 Menschen überlebten dann bis zur Befreiung. Auch nach dem Aufstand blieben die Vernichtungsanlagen noch intakt, es wurden mindestens 7.500 Juden aus Białystok noch im Herbst 1943 ermordet. Danach verbrannte ein Restkommando monatelang Leichen, anschließend wurde das Lagergelände bis auf ein Gebäude komplett abmontiert.

Bezüglich der Zahl der Menschen, die in Treblinka ermordet wurden, gibt es seit 1943 verschiedene Schätzungen, bis hin zu jener frühen Vermutung, die auch Grossman wiedergab, nämlich drei Millionen. Tatsächlich zeigten schon die polnischen Untersuchungen von 1945/1946, dass die Zahl deutlich niedriger lag. Zdzisław Łukasziewicz, der beauftragte Staatsanwalt, kam aufgrund einer statistischen Hochrechnung auf eine Zahl von 780.000 bis 800.000 Opfern.[10] Diese Schätzung ist später bestätigt worden. In einem Anfang der 2000er-Jahre entdeckten Telegramm des Organisators der ‚Aktion Reinhardt', Hermann Höfle, an Adolf Eichmann wird eine Zahl von 713.555 nach Treblinka gebrachten und damit ermordeten Menschen bis Ende 1942 angegeben. Wenn man die Angaben über die Deportationen im Jahre 1943 hinzurechnet, ergibt sich eine Bilanz von etwa 780.000 Menschen, die in Treblinka ermordet wurden.[11]

Die Nachrichten vom Vernichtungslager verbreiteten sich schon während dessen Existenz. So meldete ein Informant des polnischen Untergrunds, der Eisenbahner Franciszek Zabecki, der in der Bahnstation Treblinka arbeitete, bereits wenige Tage nach Beginn der Massenmorde, wohin die Warschauer Juden deportiert worden waren. Der Leiter des jüdischen Referats der polnischen Heimatarmee, Henryk Woliński, identifizierte am 10. August 1942 Treblinka als eines der Ziele der Deportationen aus Warschau, am 19. August 1942 übernahm die Untergrundführung diese Information. Bereits zwei Tage zuvor berichtete die führende polnische Untergrundzeitschrift *Informacja Bieżąca* (Aktuelle Information) Details über die Todestransporte in das Lager, dort würden täglich 5.000 Menschen ermordet.[12]

10 Zdzisław Łukaszkiewicz, Obóz Straceń w Treblince [Vernichtungslager in Treblinka], Warschau 1946, 39.

11 Peter Witte/Stephen Tyas, A New Document on the Deportation and Murder of Jews during „Einsatz Reinhardt" 1942, in: Holocaust and Genocide Studies 15 (2001) 3, 468-486. In der britischen Wiedergabe des dechiffrierten Telegramms wird für das Kennwort „T" (Treblinka) die Zahl 71.355 angegeben, dies ist jedoch ein Übermittlungsfehler, wie sich aus der Gesamtaddition der Zahlen für alle Lager ergibt: Młynarczyk, Treblinka.

12 Adam Puławski, Wobec 'niespotykanego w dziejach mordu'. Rząd RP na uchodźstwie, Delegatura Rządu RP na Kraj, AK a eksterminacja ludności żydowskiej od

Nach dem Ende der Deportationen aus Warschau im September 1942 finden sich zunächst kaum mehr Hinweise in der Untergrundpresse oder bei den Publikationen der polnischen Exilregierung,[13] obwohl die Mordaktionen in Treblinka unverändert weitergingen. Dies änderte sich freilich nach dem Lageraufstand vom August 1943, der im Untergrund breiter kommentiert wurde.[14] Es ist erstaunlich, dass zahlreiche Artikel über Treblinka offensichtlich in der jüdischen Presse in Großbritannien erschienen. Den besten Überblick konnte man damals im *Black Book of Polish Jewry* nachlesen, das Ende 1943 in New York erschien.[15]

Beim Aufstand flüchtete auch der Häftling Jankel Wiernik, der nach Warschau zurückkehrte und dort untertauchte. Wiernik konnte mit den wenigen noch verbliebenen jüdischen Untergrundgruppen in Verbindung treten und verfasste für diese noch Ende 1943 seinen Erlebnisbericht *Rok w Treblince* (Ein Jahr in Treblinka). Der polnische Widerstand organisierte die Herausgabe des Textes als Broschüre in 2.000 Exemplaren, ausgerechnet auf der Druckerpresse der Kollaborationszeitung *Nowy Kurier Warszawski* (Neuer Warschauer Kurier). Wassili Grossman selbst verfügte später über eine Übersetzung der Broschüre. Noch im Mai 1944 schmuggelte ein Kurier den Text auf Mikrofilm nach London, von wo aus er Verbreitung fand, so in englischer und jiddischer Variante in New York, auf Hebräisch in Palästi-

---

'wielkiej akcji' do powstania w getcie warszawskim [Im Angesicht des ,beispiellosen Mordes'. Die polnische Exilregierung, die Regierungsdelegation für Polen, die Heimatarmee und die Ausrottung der jüdischen Bevölkerung von der ,Großen Aktion' bis zum Aufstand im Warschauer Ghetto], Chełm 2018, 181, 209 f.

13 Einer der wenigen Artikel: Przez walkę do zwycięstwa [Durch Kampf zum Sieg], 20. Oktober 1942, vgl.: Klaus Peter Friedrich, Der nationalsozialistische Judenmord in polnischen Augen. Einstellungen in der polnischen Presse 1942–1946/47, Köln (phil. Diss) 2003, 335; https://kups.ub.uni-koeln.de/952/ (10. Dezember 2019).

14 Ebd., 342.

15 Donald Bloxham, Genocide on Trial. War Crimes Trials and the Formation of Holocaust History and Memory, New York 2004, 116 ff.; Jacob Apenszlak, The Black Book of Polish Jewry. An Account of the Martyrdom of Polish Jewry under the Nazi Occupation, New York 1943, 141-147.

na.[16] Auch ein zweiter Überlebender von Treblinka, Oskar Strawczynski, verfasste noch im April 1944 ein langes Manuskript zum Lager, das allerdings erst sechs Jahrzehnte später zur posthumen Veröffentlichung kam.[17]

Aber zurück zu Wassili Grossman: Mit ihrer Sommeroffensive gelangte die Rote Armee seit Juli 1944 in jene Teile Polens, in denen auch die deutschen Vernichtungslager lagen. Insbesondere die Befreiung Lublins von den Deutschen und damit des Lagers Majdanek am 23. Juli geriet zur weltweit publizierten Sensation. Hier trafen die Befreier auf ein nahezu intaktes Lagergelände samt erhaltener Gaskammer und Krematorium. Nicht Grossman, sondern sein Konkurrent, der linientreue Konstantin Simonow, bekam von der Roten Armee den Auftrag zur Berichterstattung. Dessen Artikel, die bereits im September 1944 als Broschüre erschienen, fanden große Verbreitung, die alliierte Presse konnte bald Majdanek selbst in Augenschein nehmen.

Dass bereits vorher das Gelände des Vernichtungslagers Sobibor erreicht worden war, blieb hingegen weitgehend verborgen. Allerdings war es den Politoffizieren der 47. Armee durchaus bekannt. Zwei Überlebende des Lagers, die beim Aufstand in Sobibor am 14. Oktober 1943 entkommen waren, Ber Frajberg und Chajm Powroznik, meldeten sich im nahe gelegenen Chełm. Und schon am 27. Juli erschien ein Artikel zu Sobibor in der Frontzeitung der 47. Armee *Frontownik* (Der Frontkämpfer), am 2. September schließlich auch in der *Komsomolskaja Prawda* (Die Wahrheit der Komsomolzen). Allerdings zeichnete sich dabei schon der Umgang des stalinisti-

16 Vgl.: Tomasz Szarota, Okupowanej Warszawy dzień powszedni [Alltag im besetzten Warschau], Warschau 1988, 381; Jankel Wiernik, A jor in Treblinke [Ein Jahr in Treblinka], New York: Undzer Zajt 1944, 61; Yankel Wiernik, A Year in Treblinka. An Inmate Who Escaped Tells the Day-To-Day Facts of One Year of His Torturous Experiences, New York 1945; „Mishmar", 24. November 1944; Anonym, Un anno a Treblianka [sic], Firenze: C. Tedeschi 1945, 15; eine gekürzte deutsche Übersetzung ist zu finden auf: https://einjahrintreblinka.wordpress.com/ (10. Dezember 2019).

17 Oskar Strawczynski, Escaping Hell in Treblinka, New York/Jerusalem 2007, 127-182.

schen Regimes mit dem Holocaust ab: Dass die Opfer Juden waren, kam hier überhaupt nicht zur Sprache. Freilich erlangte Sobibor in der sowjetischen und später in der postsowjetisch-russischen Erinnerung eine Sonderposition. Am 20. September 1944 meldete nämlich ein Rotarmist, Alexander Petscherski, dass er Häftling in dem Lager gewesen sei. Bald stellte sich heraus, dass es sich bei ihm um einen der Anführer des Lageraufstandes handelte. Allerdings dauerte es bis in die späten 1980er-Jahre, bis die Medien in Russland diese Geschichte aufgriffen, dass nämlich ein Rotarmist die Revolte in einem der schlimmsten Vernichtungslager geleitet habe. In den letzten Jahrzehnten hat sich in Russland daraus sogar ein regelrechter Petscherski-Kult entwickelt.[18]

Wassili Grossman erfuhr natürlich auch die Geschichte von Sobibor, und zwar über die Erzählungen der Überlebenden, auch jene von ‚Saschko', so die Kurzform für Alexander Petscherski, den er in seinem Treblinka-Text nennt. In seinem Artikel *W gorodach in seljach Polschi* (In den Städten und Dörfern Polens) in der *Krasnaja Swesda* vom 7. August 1944 erwähnte er auch kurz die „Todesfabrik Sabibur". Am selben Tag machte ein anderer bekannter Publizist, Ilja Ehrenburg, die breite sowjetische Leserschaft in der *Prawda* (Wahrheit) erstmals mit dem Namen Treblinka bekannt, in einer Reihe mit anderen deutschen Lagern.[19]

Offensichtlich begannen die sowjetischen Untersuchungen zu Treblinka bereits in den Tagen vor der Eroberung des Gebietes. Zwei der Trawniki-Männer gerieten in sowjetische Gefangenschaft und mussten Aussagen machen, gleichzeitig meldeten sich zwei Zeugen: Abe

18 Vgl.: Nikolaj Swanidze/Ilja Wasiljew, Sobibor. Woswreschenija podwiga Aleksandra Petscherskogo [Sobibor. Die Wiederherstellung der Heldentat von Alexander Petscherski], Moskau 2018.

19 Ilja Ehrenburg, Nakanune [Am Vorabend], in: Prawda, 7. August 1944; vgl.: Anita Kondoyanidi, The Liberating Experience. War Correspondents, Red Army Soldiers, and the Nazi Extermination Camps, in: The Russian Review 69 (2010), 438-462, 445.

Kon, ein überlebender Häftling des Lagers, und Kazimierz Skarzyński, ein Anwohner. Obwohl beide schon über die Ermordung der Opfer durch Giftgas berichteten, behaupteten die sowjetischen Militärjuristen in ihrem ersten Untersuchungsbericht vom 24. August 1944, in den Gaskammern wäre mit Erstickung durch Luftentzug gemordet worden.[20] Tags darauf erschien ein erster Artikel über Treblinka in der Frontzeitung der 65. Armee *Stalinski Udar* (Stalins Stoß), am 9. September 1944 dann auch in der allgemeinen Armeezeitung *Krasnaja Armia* (Rote Armee).

Bis Anfang Oktober meldeten sich noch mindestens drei weitere Überlebende des Lagers, Samuel Rajzman, Oskar Strawczynski und Tanhum Grinberg, und machten ausführliche Angaben zum Lager. Rajzman schrieb zugleich einen Artikel für die neue polnische Zeitung *Odrodzenie* (Wiedergeburt).[21] Auch andere Überlebende traten in Kontakt mit Rotarmisten, um von ihrem Schicksal zu erzählen. So berichtet der Unteroffizier Samuel Gelfand in seinem Tagebuch, dass er in der Nähe von Treblinka, in Kosów Lacki, Unterkunft bei ehemaligen Treblinka-Häftlingen fand.[22] Die Mehrzahl der Überlebenden von Treblinka lebte aber noch verstreut in Gebieten unter deutscher Besatzung, einige hatten sich sogar als ‚christliche' polnische Zwangsarbeiter anwerben lassen und lebten unerkannt mitten in Deutschland.

Insgesamt muss man also davon ausgehen, dass sich Grossman bei der Abfassung seines großen Artikels über das Vernichtungslager auf die Aussagen von etwa fünf bis sechs Überlebenden, aber auch auf die

20 Jonathan Harrison u. a., Belzec, Sobibor, Treblinka. Holocaust Denial and Operation Reinhard. A Critique of the Falsehoods of Mattogno, Graf and Kues, o. O. [London] 2011; https://archive.org/details/BelzecSobiborTreblinka.HolocaustDenialAndOperationReinhard.ACritique (10. Dezember 2019); F. D. Swerdlow (Hg.), Dokumenty obwinjajut. Cholokost: swidetelstwa Krasnoj Armii [Dokumente klagen an. Holocaust: Zeugnisse der Roten Armee], Moskau 1996, 106 f.

21 Samuel Rajzman, Zagłada Treblinki, in: Odrodzenie 1 (1944), 4/5, 9 (1. Oktober 1944); http://dlibra.kul.pl/dlibra (18. Dezember 2019).

22 W. W. Gelfand, Dnewnik [Tagebuch] 1941–1946, Moskau 2015, 369. Auch Grossman erwähnt einen Überlebenden aus Kosów.

Vernehmung von zwei verhafteten Wachmännern stützen konnte.[23] Explizit erwähnt er vor allem seine Gespräche mit Polen aus der Umgebung, Kazimierz Skarżyński, Marianna Kobus, Lucjan Cukow und Lucjan Wulka, einem Bahnarbeiter. Grossman kannte aber offensichtlich auch die ersten Analysen der NS-Vernichtungspolitik, so etwa zur Rolle des Besuches von Heinrich Himmler in Warschau am 17. April 1942, der vermutlich den Anstoß zur Errichtung des Vernichtungslagers gab, oder zu den Informationen über den Befehl Hitlers zur Ermordung der europäischen Juden, die Gerhart Riegner im Sommer 1942 an die Westmächte weitergegeben hatte. Freilich saß er auch einigen Gerüchten auf, wie jenem von einem Transport von westlichen alliierten Ausländern nach Treblinka. Auch wiederholte Grossman die (falsche) Vermutung des ersten Untersuchungsberichts, viele der Opfer seien durch das Absaugen der Luft oder durch Dampf erstickt worden. Ein Besuch Himmlers in Treblinka ist ebenso wenig nachweisbar, obwohl der SS-Chef selbst im Vernichtungslager Sobibor war und sich dort einen Massenmord-Aktion ‚vorführen' ließ.[24] Insgesamt ist aber Grossmans Darstellung, auch aus der Perspektive von 75 Jahren Forschung, noch erstaunlich akkurat für den Kenntnisstand von 1944.

Natürlich hat Grossman das Gelände des ehemaligen Vernichtungslagers selbst besichtigt. Er berichtet von der aufgewühlten Erde und den sichtbaren Knochenresten, die damals zu sehen waren. Dabei wird dezent übergangen, dass das Gelände schon seit der Auflösung des Vernichtungslagers von der Bevölkerung auf der Suche nach Wertsachen durchwühlt worden war.[25] Schon unter deutscher Besatzung

23 Problematische Darstellung bei Popoff, Vasily Grossman, 173-179; und bei Antony Beevor, Luba Vinogradova (Hg.), A Writer at War. Vasily Grossman with the Red Army 1941–1945, London 2005, 280-306.

24 Vgl.: Peter Witte u. a. (Hg.), Der Dienstkalender Heinrich Himmlers 1941/42, Hamburg 1999; Matthias Uhl u. a. (Hg.), Die Organisation des Terrors. Der Dienstkalender Heinrich Himmlers 1943–1945, München 2020.

25 Vgl. dazu auch: Zuzanna Dziuban, The Things that Affectively Live On. The Afterlives of Objects Stolen from Mass Graves, in: S:I.M.O.N. – Shoah: Intervention.

war ein Wachmann mit seiner Frau dort angesiedelt worden, um Neugierige und Plünderer fernzuhalten. Nach dem Einmarsch der Roten Armee nahm der ‚Goldrausch' in Treblinka erst richtig massive Formen an. Erst 1947 haben die polnischen Behörden das Territorium abgeriegelt.[26]

Im November 1944 erschien dann Grossmans Artikel *Die Hölle von Treblinka* in der literarischen Zeitschrift der Roten Armee *Snamja*, die immerhin eine Auflage von 30.000 Exemplaren vorweisen konnte (was für sowjetische Verhältnisse aber nicht viel war).[27] Schon Anfang 1945 wurde daraus eine Broschüre angefertigt, die weite Verbreitung fand.[28] Es folgten Übersetzungen ins Jiddische, Polnische, Ungarische, Rumänische und Französische.[29] Das Jüdische Antifaschistische Komitee sandte den Text an Zeitungen in Kuba, Mexiko und Uruguay. Von besonderer Bedeutung war sicher die Übersetzung ins Deutsche, die Sprache der Täter. In den sowjetischen Besatzungszonen in Deutschland und Österreich erschienen mehrere Varianten.[30] Auffällig ist, dass Grossman das Vernichtungslager in der sowjetischen Öffentlichkeit explizit als „jüdisches Lager" bezeichnete; in Simonows Reportagen über Majdanek sucht man vergeblich nach einem Hinweis auf die jüdischen Häftlinge, die die Mehrzahl der Opfer des Lagers ausmachten. Ein Hin-

Methods. Documentation 3 (2016) 2, 25-36; https://simon.vwi.ac.at/index.php/simon/article/view/98/74 (10. Dezember 2019).

26 Jan T. Gross, Golden Harvest, New York 2011; Martyna Rusiniak-Karwat, Okres profanacji i zapomnienia. Treblinka II [Zeit der Entweihung und des Vergessens. Treblinka II], in: Edward Kopówka (Hg.), Co wiemy o Treblince? Stan badań [Was wissen wir über Treblinka. Der Forschungsstand], Siedlce 2013, 179-196.

27 Treblinski ad [Die Hölle von Treblinka], in: Snamja 11 (1944), 121-143.

28 Treblinski ad, Moskwa: OGIS, Der Emes 1945; Treblinski ad, Magadan: Sowjetskaja Kolyma 1946.

29 Pieklo Treblinki, Katowice: Polska literatura 1946; Iadul dela Treblinca, Oradea: Cartea Rusa 1946; A treblinkai pokol, Oradea: Arlus – Cartea Rusa 1948, 58; L'enfer de Treblinka, Paris: éditions Arthaud 1946.

30 Hölle von Treblinka, Moskau: Verlag für fremdsprachige Literatur in der sowjetischen Besatzungszone 1945; Die Vernichtungslager Maidanek und Treblinka, Wien: Stern Verlag [um 1946], 63; Das Menschenschlachthaus Treblinka: drei Millionen sterben in den Gaskammern, Wien: Stern Verlag [2]1946, 53.

weis auf Juden war 1944/1945 noch möglich, obwohl hintergründig schon seit 1942 eine antisemitische Politikwende unter Stalin anlief, die 1947/1948 zur offenen ‚Antikosmopolitismus-Kampagne' eskalierte, einer wüsten antisemitischen Aktion, die schließlich auch zur Ermordung einiger bekannter jüdischer Kunstschaffender führte. In diesem Zusammenhang wurde die Spezifik der deutschen Verbrechen an Juden in der Sowjetpropaganda negiert und stattdessen wurden alle ermordeten Zivilisten unter ‚friedliche Sowjetbürger' subsumiert. So fand Grossmans Text zwar Eingang in das Manuskript des *Schwarzbuches* des JAK, dieses wurde in der Sowjetunion aber nicht gedruckt. Vielmehr erschien es erst 1980 in Israel, dann 1991 in der Ukraine.

Immer wieder taucht die Behauptung auf, Grossmans Text sei als Beweismittel in die Nürnberger Kriegsverbrecherprozesse eingeführt worden. Im Rahmen der vorliegenden Untersuchung konnte dies jedoch nicht verifiziert werden. Es war vielmehr Samuel Rajzmans Aussage, die dort eine Rolle spielte.[31] Rajzman hatte schon im März 1945 im US-Kongress Auskunft über Treblinka gegeben. Auch dessen Schilderung erschien in einer sowjetischen Zeitschrift.[32] Die Überlebenden versuchten bald nach der Befreiung Kontakt miteinander aufzunehmen, bereits im Jänner 1945 traf sich eine Gruppe im gerade erst befreiten Warschau; im Juli organisierten sie sich als Kreis der ehemaligen Treblinka-Häftlinge, damals 15 Personen aus dem Vernichtungslager und drei aus dem Arbeitslager. Diese arbeiteten eng mit der Zentralen Jüdischen Historischen Kommission zusammen, welche sich um die Dokumentation des Holocaust in Polen bemühte. Vor allem Rachela Auerbach, eine der wenigen Überlebenden des Untergrund-

31 Der Prozeß gegen die Hauptkriegsverbrecher vor dem Internationalen Militärgerichtshof, Nürnberg 14. November 1945 1. Oktober 1946. Band 8, Nürnberg 1947, 323-329, Aussage Rajzman. Vgl. den Film von Rajzmans Zeugenvernehmung am 27. Februar 1946: https://www.youtube.com/watch?v=HlvLMe99nwU (10. Dezember 2019).

32 Samuel Rajzman, Testimony Before the House Committee on Foreign Affairs on March 25/26, 1945; Samuel Rajzman, Kombinat smerti w Treblinke [Todeskombinat in Treblinka], in: Ogonjok 8, 28. Februar 1945 und 9/10, 10. März 1945.

archivs im Warschauer Ghetto, kümmerte sich um die Treblinka-Überlebenden. Sie hatte schon im Frühjahr 1943 den ausführlichen Bericht eines aus Treblinka geflüchteten Mannes, Abraham Krzepicki, niedergeschrieben.[33] Unmittelbar danach floh Auerbach selbst aus dem Ghetto und tauchte auf der ‚arischen Seite' Warschaus unter. Nach der Befreiung bereiste sie das Lagergelände mehrfach und brachte 1947 ihre Reportage *Ojf di felder fun Treblinke* (Auf den Feldern von Treblinka) heraus.[34]

Erst im Herbst 1945 begannen polnische Behörden mit der genauen Untersuchung der Massenmorde in Treblinka. Auch der deplorable Zustand des Geländes trat erst jetzt stärker ins Bewusstsein der Verwaltung. Der von der Hauptkommission zur Untersuchung der deutschen Verbrechen beauftragte Staatsanwalt Łukasziewicz konnte nun systematisch Überlebende und Anwohner befragen. Es standen ihm sogar schon die wenigen Quellenfragmente zur Verfügung, die sich aus der Lagergeschichte erhalten hatten. Dem polnischen Untergrund war es gelungen, einige Reichsbahndokumente an sich zu bringen. Auch Łukasziewicz publizierte die Ergebnisse seiner Untersuchungen alsbald.[35] Am öffentlichen Kenntnisstand zur Lagergeschichte sollte sich dann bis Ende der 1970er-Jahre, also drei Jahrzehnte lang, nicht mehr viel ändern.

Die Bedeutung von Grossmans Text für die Wahrnehmung dieses zentralen Vernichtungsortes der Menschheitsgeschichte ist erheblich. Zwar hatte er nur einen von vier maßgeblichen Texten der Kriegs- und

33 Der Bericht wurde erstmals 1956 auf Jiddisch veröffentlicht; deutsche Übersetzung: Abraham Krzepicki, Achtzehn Tage in Treblinka, in: Frank Beer/Wolfgang Benz/Barbara Distel (Hg.), Nach dem Untergang. Die ersten Zeugnisse der Shoah in Polen 1944–1947. Berichte der Zentralen Jüdischen Historischen Kommission, Berlin 2014, 555-616.

34 Rojchel Auerbach, Ojf di felder fun Treblinke, Łódź 1947; kritische polnische Ausgabe: Rachela Auerbach, Treblinka. Reportaż [Treblinka. Eine Reportage], in: Zagłada Żydów. Studia i materiały (2012), 21-75; deutsche Übersetzung in: Beer/Benz/Distel, Untergang, 393-456.

35 Łukaszkiewicz, Obóz Straceń w Treblince.

unmittelbaren Nachkriegszeit verfasst, doch übertraf er an Wirkung alle anderen: Wierniks Untergrundbroschüre war kaum greifbar, sie wurde wohl ähnlich wie Auerbachs jiddischsprachiger Bericht vor allem in jüdischen Kreisen rezipiert. Die Broschüre von Łukasziewicz wiederum richtete sich vor allem an interessierte Polen. Grossmans Text jedoch wurde in weiten Teilen Europas übersetzt, er wirkte sogar auf Südamerika. Die deutschsprachige Ausgabe wurde wohl vor allem in den sowjetischen Besatzungszonen Deutschlands und Österreichs verbreitet und blieb dort wohl für lange Zeit auch die wichtigste Informationsquelle zum Vernichtungslager. Lediglich ein weiterer Text ist nachweisbar, Rajzmans kurze Erinnerungen, die 1953 in den *Frankfurter Heften* publik gemacht wurden, zusammen mit der Denkschrift des SS-Offiziers Gerstein, der unter anderem Treblinka besucht hatte.[36]

Im Laufe der 1950er-Jahre brach die öffentliche Erinnerung an Treblinka fast völlig ab. Schon der erste Prozess gegen einen deutschen Täter, gegen Hubert Gomerski vor dem Landgericht Frankfurt am Main, im Jahre 1951 stieß kaum auf öffentliches Interesse. Und auch in der Forschung bemerkte niemand, dass am Jüdischen Historischen Institut in Warschau bereits damals nahezu alle Todestransporte nach Treblinka ermittelt werden konnten; die jiddischen und polnischen Publikationen blieben ungelesen.[37] Erst im Kontext des Eichmann-Prozesses 1961 spielte das Lager wieder eine Rolle. 1964 ließ die polnische Regierung den Gedenkkomplex auf dem Lagergelände eröffnen,

36 Belcec [sic] und Treblinka. Ein SS-Offizier und ein Jude berichten über die Todeslager in Polen, in: Frankfurter Hefte 8 (1953), 548-557.

37 Tatiana Berenstein-Brustin, Deportacje i zagłada skupisk żydowskich w dystrykcie warszawskim [Die Deportation und die Vernichtung der jüdischen Gemeinden im Bezirk Warschau], in: Biuletyn Żydowskiego Instytutu Historycznego [BŻIH] (1952) 3, 3-125; Adam Rutkowski, Martyrologia, walka i zagłada ludności żydowskiej w dystrykcie radomskim podczas okupacji Hitlerowskiej [Martyrium, Widerstand und Vernichtung der jüdischen Bevölkerung im Bezirk Radom während der nationalsozialistischen Besatzung], in: BŻIH (1955) 15/16, 75-182; Tatiana Berenstein, Martyrologia, opor i zagłada ludności żydowskiej w dystrykcie lubelskim [Martyrium, Widerstand und Vernichtung der jüdischen Bevölkerung im Bezirk Lublin], in: BŻIH (1957) 21, 21-92; Szymon Datner, Eksterminacja

schon im Jahr zuvor erschien in der DDR eine Briefmarke zum Thema. 1965 folgte der einzige größere Prozess gegen deutsche Täter in Düsseldorf. Auch in der Sowjetunion standen in den 1960er-Jahren mehrere Bewacher vor Gericht, in der dortigen Presseberichterstattung wurde jedoch weitgehend unterdrückt, dass es sich bei den Opfern um Juden handelte. Die Wahrnehmung des Lagers erreichte allerdings überraschenderweise ihren Höhepunkt im Frankreich des Jahres 1966, als der junge Journalist Jean-François Steiner einen dokumentarischen Roman über den Aufstand in Treblinka veröffentlichte. Da er implizit die Opfer des Lagers mangelnden Widerstands zieh, löste dies eine breite öffentliche Debatte aus, die dem Buch aber schließlich zu Bestsellerstatus verhalf.[38]

Eine Integration des Vernichtungslagers in die allgemeine Holocausterinnerung begann jedoch erst in den 1980er-Jahren, mit Zeitverzögerung dann auch in den postkommunistischen Ländern. Zwar erschienen zahlreiche Memoiren und Sachbücher zum Thema, Grossmans Broschüre ist jedoch weitgehend in Vergessenheit geraten. Doch inzwischen sind wir auf Texte wie diesen und andere Quellen angewiesen, Überlebende des Lageraufstandes gibt es nicht mehr. Im Jahre 2016 verstarb 93-jährig Samuel Willenberg, der wohl letzte Zeuge unter den Opfern des Lagers.

ludności żydowskiej w okręgu białostockim [Die Vernichtung der jüdischen Bevölkerung im Bezirk Białystok], in: BŻIH (1966) 60, 3-50.

38 Samuel Moyn, A Holocaust Controversy. The Treblinka Affair in Postwar France, Waltham (MA) 2005.

I

Den westlichen Bug entlang ziehen sich von Warschau nach Osten Sandflächen und Sümpfe, dichte Nadel- und Laubwälder. Diese Gegend ist öde und trist, selten trifft man auf Dörfer. Der Fußgänger wie der Durchreisende meiden die versandeten, schmalen Feldwege, in denen der Fuß versinkt und das Rad bis zur Achse in tiefem Sand versackt.

Hier, an der Siedlcer Zweigbahn, liegt die kleine, weltabgeschiedene Station Treblinka, etwas über sechzig Kilometer von Warschau entfernt, unweit der Bahnstation Malkinja,[1] am Kreuzungspunkt der Eisenbahnlinien von Warschau, Bjelostok,[2] Siedlce[3] und Lomza.[4]

Viele, die 1942 nach Treblinka gebracht worden sind, mögen in Friedenszeiten hier durchgefahren sein und mit zerstreutem Blick die magere Landschaft überflogen haben – Kiefern, Sand, Sand und wieder Kiefern, Heidekraut, vertrocknetes Gebüsch, dürftige Bahnhofsbauten, Gleise, die sich überschneiden... Und vielleicht hat das gelangweilte Auge des Reisenden flüchtig das einspurige Nebengleis gestreift, das von der Station aus zwischen eng herandrängenden Kiefern in den Wald verläuft. Dieses Gleis führt zu einer Grube, aus der weißer Sand für industrielle und Wohnbauten gewonnen wurde.

Die Sandgrube liegt vier Kilometer von der Station entfernt, in einer auf allen Seiten von Kiefernwald umgebenen Einöde. Der Boden ist hier karg und unfruchtbar, die Bauern bestellen ihn nicht. So ist die Einöde wüst geblieben. Da und dort ist der Boden moosbedeckt, da und dort wachsen magere kleine Kiefern. Manchmal fliegt eine Dohle oder ein buntschopfiger Wiedehopf vorbei. Dieses traurige Ödland wurde von dem deutschen Reichsführer-SS Heinrich Himmler ausgesucht und für geeignet befunden, hier eine Richtstätte für die ganze Welt zu schaffen. Das menschliche Geschlecht hat ihresgleichen von den Zeiten vorgeschichtlicher Barbarei bis in unsere harten Tage nie gekannt. Wahrscheinlich hat es das im ganzen Weltall nie gegeben.

Hier wurde der größte Menschenschlachthof der SS geschaffen, der Sabibur,[5] Maidanek,[6] Belschiza[7] und Oswienzim[8] noch übertrifft.

In Treblinka gab es zwei Lager: das Arbeitslager Nr. 1,[9] in dem Gefangene verschiedener Nationalität, vor allem Polen, arbeiteten, und das Lager Nr. 2, das jüdische Lager.[10]

Lager Nr. 1 – das Arbeits- oder Straflager – befand sich unmittelbar neben der Sandgrube am Waldrand. Es war ein Lager, wie sie von der Gestapo zu Hunderten und Tausenden in den besetzten Ostgebieten eingerichtet wurden. Es entstand 1941. Wie auf einen Nenner gebracht, sind die vom schrecklichen Zerrspiegel des Hitlerregimes fratzenhaft verunstalteten deutschen Charakterzüge in ihm vereint. So reflektiert ein Fieberkranker in hitzigen Wahnvorstellungen entstellt und verunstaltet jene Gedanken und Gefühle, die er vor seiner Krankheit durchlebt hat. So entstellt ein Irrsinniger im Zustand geistiger Trübung durch seine Taten das logische Handeln und Denken normaler Menschen. So geht der Verbrecher zu Werke, der bei dem Hammerschlag gegen den Stirnansatz seines Opfers handwerkliche Geschicklichkeiten – das Augenmaß und die Behendigkeit des Schmiedes – mit der Kaltblütigkeit des Unmenschen vereint.

Die vielen Deutschen eigene Sparsamkeit, Genauigkeit, Umsicht und pedantische Reinlichkeit sind keine schlechten Züge. Wenn sie in der Landwirtschaft oder Industrie zur Geltung kommen, tragen sie ihre Früchte. Der Hitlerismus hat diese Eigenschaften zu Verbrechen gegen die Menschheit benutzt, und die SS hat sich in dem polnischen Arbeitslager benommen, als ob es sich um die Zucht von Blumenkohl oder Kartoffeln handelte.

Die Lagerfläche wurde in gleichmäßige Rechtecke zerschnitten, die Baracken in schnurgeraden Reihen aufgeführt, die Wege mit Birken eingesäumt und mit Sand bestreut. Für das Hausgeflügel wurden Schwimmbecken ausbetoniert, für das Wäschewaschen des deutschen Dienstpersonals Spülbassins mit bequemen Stufen, dazu eine musterhafte Bäckerei, eine Barbierstube, eine Garage, eine Tankstelle mit Glaskugel und Speicher gebaut. Fast nach den gleichen Regeln wurde auch das Lubliner Lager in Maidanek angelegt – mit Gärtchen, Trinkwassersäulen, betonierten Wegen. Nach dem gleichen Schema hat man in Ostpolen Dutzende andere Arbeitslager geschaffen, wo sich die Gestapo und SS ernsthaft und dauernd festzusetzen gedachten. In der Anlage dieser Lager drückt sich der deutsche Hang zur Genauigkeit aus, die jede Kleinigkeit berechnende Umsicht, ein pedantischer Ordnungstrieb, die deutsche Vorliebe für bis in die kleinsten Nebensächlichkeiten und Einzelheiten ausgearbeitete Pläne und Schemen.

Die Leute kamen mitunter für eine ziemlich kurze Frist in das Arbeitslager — für vier, fünf, sechs Monate. Hierher trieb man Polen, die die Gesetze des Generalgouvernements verletzt hatten, wobei als Regel galt, daß die Gesetzesübertretung unwesentlich gewesen sein mußte, weil wesentlichere Verstöße nicht Lagerhaft, sondern sofortigen Tod zur Folge hatten. Eine Spitzelaussage, eine Verleumdung, ein zufälliges, auf der Straße fallen gelassenes Wort, die Nichterfüllung der Zwangslieferungen, die Weigerung, einem Deutschen Fuhrwerk oder Pferd zu geben, die Kühnheit eines Mädchens, das Liebesanträge eines SS-Manns zurückwies, nicht die tatsächliche Sabotage bei der Arbeit in der Fabrik, sondern der bloße Verdacht einer Sabotage – all das brachte Hunderte und Tausende von polnischen Arbeitern, Bauern, Intellektuellen in das Straflager, Männer und Mädchen, Greise, Halbwüchsige und Familienmütter. Insgesamt sind etwa fünfzigtausend Menschen durch das Lager gegangen. Juden gerieten in das Lager nur, wenn sie tüchtige und geschickte Handwerker waren – Bäcker, Schuster, Kunsttischler, Maurer, Schneider. Es gab hier alle möglichen Werkstätten, darunter eine gediegene Möbeltischlerei, die die Stäbe der Wehrmacht mit Sesseln, Tischen und Stühlen belieferte.

Das Lager Nr. 1 bestand vom Herbst 1941 bis zum 23. Juli 1944. Es wurde vollständig liquidiert, als die Gefangenen bereits das dumpfe Dröhnen der Sowjetartillerie hörten…

Am 23. Juli frühmorgens schritten die Wachtmannschaften und SS-Leute, nachdem sie sich mit Schnaps ermuntert hatten, an die Ausrottung des Lagers. Am Abend waren sämtliche Gefangenen ermordet – ermordet und verscharrt. Der Warschauer Schreiner Max Lewit konnte sich retten, weil er, verwundet unter den Leichen seiner Genossen liegend, die Dunkelheit abgewartet hatte und in den Wald gekrochen war. Er erzählte, wie er in der Grube den Gesang von dreißig Knaben hörte, die vor der Erschießung „Das Lied vom Sowjetvaterland"[11] anstimmten. Er hörte, wie einer der Jungen aufschrie: „Stalin rächt uns!", er hörte, wie der Anführer der Jungen, Leib, der nach der Salve in die Grube gestürzt und auf ihn gefallen war, sich noch einmal aufrichtete und bat: „Pan Wachmann haben nicht getroffen, bitte noch mal, Pan Wachmann, noch mal!"

Man kann jetzt ausführlich über die deutsche Ordnung in diesem Arbeitslager berichten, weil zahlreiche Aussagen polnischer Zeugen vorliegen, die seinerzeit aus dem Lager Nr. 1 geflohen oder entlassen worden sind. Wir erfahren von der Arbeit in der Sandgrube, davon, wie diejenigen, welche ihre Norm nicht erfüllten, von dem steilen Abhang in die Tiefe gestürzt wurden, lernen die Nahrungsration kennen: 170 bis 200 Gramm Brot und ein Liter trüber Suppe, sogenannter Brühe; wir hören von Verhungerten, Aufgedunsenen, die auf Schubkarren hinter Stacheldraht gebracht und abgeknallt wurden, wir hören von den wilden Orgien der Deutschen, wie sie die Mädchen vergewaltigten und ihre unfreiwilligen Liebchen an Ort und Stelle niederschossen, davon, wie sie die Menschen von dem sechs Meter hohen Wachtturm herunterwarfen, wie eine betrunkene Gesellschaft nachts aus der Baracke zehn bis fünfzehn Gefangene holte und sich ohne Überstürzung daranmachte, an ihnen die Methoden des Umbringens vorzuführen, indem sie auf das Herz der Todgeweihten zielten, auf das Genick, die Augen, den Mund, die Schläfen. Wir kennen die Namen der Lager-SS, ihre Charaktere, Eigentümlichkeiten, kennen den Lagerführer van Eipen,[12] einen holländischen Deutschen, der ein unersättlicher Mörder, unersättlicher Wüstling, ein Liebhaber guter Pferde und schneller Reitpartien war. Wir kennen den massigen jungen Stumpfe, der jedesmal von hemmungslosen Lachkrämpfen geschüttelt wurde, wenn er irgendeinen Gefangenen umbrachte oder wenn in seiner Anwesenheit eine Hinrichtung stattfand. Man nannte ihn den „lachenden Tod".[13] Der letzte, der sein Lachen vernommen hat, war Max Lewit, als die Wachtmannschaften am 23. Juli auf das Kommando von Stumpfe die Knaben erschossen. Lewit lag damals angeschossen auf dem Boden der Grube. Wir kennen den einäugigen Deutschen Swiderski aus Odessa, den „Meisterhämmerer".[14] Dieser Mann galt als unübertrefflicher Spezialist des „kalten" Mordes, da er innerhalb weniger Minuten mit dem Hammer fünfzehn Kinder zwischen acht und dreizehn Jahren erschlug, die als arbeitsunfähig bezeichnet worden waren. Wir kennen den dürren, zigeunerhaften SS-Mann Preifi,[15] mit dem Spitznamen „der Alte", einen wortkargen Griesgram. Er suchte seine Melancholie dadurch zu zerstreuen, daß er, beim Müllhaufen des Lagers sitzend, den Gefangenen auflauerte, wenn sie hierherschlichen, um heimlich Kartoffelschalen zu essen; er zwang sie, den Mund aufzumachen, und schoß dann in diesen aufgerissenen Mund.

Wir kennen die Namen der Berufsmörder Schwarz[16] und Ledecke.[17] Sie ergötzten sich am Schießen auf die in der Dämmerung von der Arbeit heimkehrenden Gefangenen und ermordeten täglich zwanzig, dreißig, vierzig Menschen.

Mißt man die fratzenhaft verzerrten Gehirne, Herzen und Seelen, Worte, Taten und Gewohnheiten an den Charakterzügen, Gedanken, Gefühlen, Gewohnheiten und Handlungen normaler Deutscher, dann wirken sie wie entsetzliche Karikaturen; auch die Lagerordnung, auch die Mordakten, auch die Vorliebe für ungeheuerliche, irgendwie an die Belustigungen besoffener Raufbolde aus den deutschen Studentenverbindungen erinnernden Späße, auch der Chorgesang sentimentaler Liedchen zwischen Blutlachen, auch die Reden, die diese Auch-Menschen unaufhörlich vor den Todgeweihten hielten, und die Belehrungen, die sorgsam gedruckten, frommen Wandsprüche. Das alles war die abscheuliche Brut von Drachen und Otterngezücht, die ausgereifte Leibesfrucht des traditionellen deutschen Chauvinismus, des Hochmuts, der Eigenliebe, besessener Überheblichkeit, einer kleinlich geifernden Betulichkeit um das eigene Nestchen bei eiskalter Gleichgültigkeit gegen das Schicksal alles Lebenden, diese Scheusale waren durchdrungen von dem wütenden stumpfsinnigen Glauben: die deutsche Wissenschaft, Musik, Sprache, deutsche Verse, Rasenplätze, Wasserklosetts, der deutsche Himmel, das deutsche Bier, die deutschen Häuser seien höher und herrlicher als alles in der Welt. Die furchtbaren Verbrechen und Laster dieser Leute sind den Gebrechen des deutschen Staatswesens und Nationalcharakters entsprungen.

So lebte dieses Lager, einem verkleinerten Maidanek ähnlich, und es mochte scheinen, daß es auf der Welt nichts Grauenhafteres geben könnte. Aber die Insassen des Lagers Nr. 1 wußten genau, daß es etwas Schlimmeres, etwas hundertfach Grauenhafteres gab als ihr eigenes Lager. Drei Kilometer vom Arbeitslager entfernt begannen die Deutschen im Mai 1942 mit dem Bau eines neuen Lagers. Der Bau ging schnell vonstatten, über tausend Arbeiter waren dabei beschäftigt. In diesem Lager war nichts für das Leben, sondern alles für den Tod bestimmt. Nach Himmlers Plan sollte die Existenz dieses Lagers tiefstes Geheimnis bleiben – kein einziger Mensch durfte lebend entkommen. Niemandem war erlaubt, sich diesem Lager zu nähern. In einem Kilometer Umkreis wurde auf zufällige Passanten ohne vorherige Warnung geschossen. Deutschen Flugzeugen war das Überfliegen des Gebiets untersagt. Die Opfer, die zugweise auf einem speziellen Eisenbahngleis herangebracht wurden, ahnten bis zur letzten Minute nicht, welches Schicksal sie erwartete. Die Wachtposten, welche die Züge begleiteten, wurden nicht einmal an die äußerste Einfriedung des Lagers herangelassen. Bei der Ankunft nahm die Lager-SS die Waggons in Empfang. Ein Transport bestand gewöhnlich aus sechzig Waggons, die im Wald vor dem Lager in drei Teile gegliedert wurden, und die Lokomotive brachte nacheinander jeweils zwanzig Wagen bis zum Lagerperron. Die Lokomotive stieß die Wagen vor sich her und hielt am Drahtzaun, so daß weder der Lokomotivführer noch der Heizer das Weichbild des Lagers betraten. Wenn die Waggons entladen waren, pfiff der diensthabende Unteroffizier der SS nach den nächsten, in zweihundert Metern Abstand wartenden zwanzig Waggons. Wenn alle sechzig Waggons vollständig entleert waren, forderte die Lagerkommandantur telephonisch den nächsten Transport von der Station an, während der Leerzug auf dem Gleis zur Sandgrube rollte, die Wagen mit Sand beladen wurden und die Stationen Treblinka und Malkinja schon mit neuen Lasten anfuhren.

Dabei erwies sich, wie vorteilhaft Treblinka gelegen war: die Transporte mit den Opfern trafen hier aus allen vier Windrichtungen ein – von Westen, Osten, Norden und Süden. Transporte aus den polnischen Städten Warschau, Miedzyrzecze,[18] Czenstochau,[19] Siedlce, Radom,[20] aus Lomza, Bjelostok, Grodno[21] und vielen Städten Bjelorußlands, aus Deutschland, der Tschechoslowakei, aus Österreich, Bulgarien, Bessarabien.

Dreizehn Monate lang fuhren die Züge nach Treblinka, jeder Zug bestand aus sechzig Waggons, und jedem Waggon war mit Kreide eine Ziffer aufgemalt: hundertfünfzig – hundertachtzig – zweihundert. Diese Ziffer bezeichnete die Zahl der Menschen, die sich in dem Waggon befanden. Eisenbahnbeamte und Bauern haben heimlich die Züge gezählt. Ein Bauer aus dem Dorf Wulka,[22] der dem Lager nächstgelegenen Ortschaft, der zweiundsechzigjährige Kasimir Skarzinskij, erzählte mir, daß es Tage gab, wo allein an Wulka, über den Siedlcer Schienenstrang, sechs Züge vorbeifuhren, und daß es im Verlauf dieser dreizehn Monate keinen Tag gab, an dem nicht mindestens ein Zug durchgekommen wäre. Die Siedlcer Linie war aber nur eine von den vier Bahnlinien, die Treblinka belieferten. Luzian Zukow, ein Eisenbahnreparaturarbeiter, den die Deutschen für Arbeiten an der Zweigbahn mobilisiert hatten, die von Treblinka zum Lager Nr. 2 ging, erzählt, daß während seiner Arbeit vom 15. Juni 1942 bis August 1943 über dieses Nebengleis von der Station Treblinka täglich ein bis drei Züge zum Lager kamen. Jeder Zug bestand aus sechzig Waggons, und in jedem Waggon waren nicht weniger als hundertfünfzig Personen. Dutzende solcher Aussagen haben wir gesammelt. Wenn wir sogar alle von den Zeugen genannten Ziffern über die nach Treblinka abgefertigten Züge auf etwa die Hälfte reduzieren, so beträgt trotzdem die Zahl der innerhalb von dreizehn Monaten hierhergebrachten Menschen annähernd drei Millionen.

Das Lager selbst nahm mit seiner Außenumzäunung, den Speichern für die Sachen der Ermordeten, dem Bahnsteig und den übrigen Baulichkeiten ein sehr kleines Gelände ein: 780 mal 600 Meter. Wenn man einen Augenblick Zweifel hat über das Schicksal der hierhergebrachten Millionen und nur einen Augenblick annimmt, die Deutschen hätten sie nicht sofort nach der Ankunft getötet, so fragt man sich, wo diese Leute, die der Bevölkerung eines Kleinstaats oder einer großen europäischen Hauptstadt entsprachen, wohl hingerieten. Dreizehn Monate – dreihundertsechsundneunzig Tage lang – sind die Züge mit Sand beladen oder leer zurückgekommen, von den im Lager Nr. 2 Eingetroffenen ist kein einziger wiedergekehrt. Es ist Zeit, die drohende Frage zu stellen: „Kain, wo sind sie, die du hergebracht hast?“

Es gelang dem Faschismus nicht, sein größtes Verbrechen geheimzuhalten. Aber nicht darum, weil Tausende unfreiwillige Zeugen dieses Verbrechens waren. Im Sommer 1942, als die faschistischen Truppen die größten Erfolge hatten und Hitler die Vernichtung von Millionen Schuldloser beschloß, war er überzeugt, daß dies straflos geschehen könne. Man kann jetzt nachweisen, daß die höchsten von den Deutschen erreichten Mordziffern in das Jahr 1942 fallen. Sicher, daß keine Strafe sie ereilen würde, zeigten die Faschisten, wozu sie fähig waren. Oh, wenn Adolf Hitler gesiegt hätte, würde er schon verstanden haben, sämtliche Spuren der Verbrechen zu verwischen, alle Zeugen zum Schweigen zu zwingen, auch wenn es statt Tausender

Zehntausende gewesen wären! Keiner von ihnen hätte ein Wort gesagt. Und unwillkürlich möchte man sich wieder vor jenen neigen, die im Herbst 1942, unter dem Schweigen der heute so lärmenden und siegestrunkenen Welt, in Stalingrad, an den Steilhängen der Wolga gegen die deutschen Armeen kämpften, hinter deren Rücken Ströme von unschuldigem Blut sprudelten und dampften. Die Rote Armee war es, die Himmler das Geheimnis von Treblinka entriß!

Heute haben die Zeugen zu reden begonnen. Erde und Steine schreien auf. Und heute können wir vor dem Weltgewissen, vor den Augen der Menschheit folgerichtig, Schritt für Schritt, durch alle Kreise der Hölle von Treblinka wandern, mit der verglichen die Hölle Dantes ein harmloses und nichtiges Spiel des Satans war.

Alles, was weiterhin beschrieben wird, ist nach den Erzählungen lebender Zeugen zusammengestellt, nach den Aussagen von Leuten, die in Treblinka vom ersten Tag der Einrichtung des Lagers bis zum 2. August 1943 gearbeitet haben, dem Tag, an dem die aufständischen Todgeweihten das Lager niederbrannten und in den Wald flüchteten, nach den Aussagen verhafteter Wächter, die die Bekundung der Zeugen Wort für Wort bestätigten und in vielem ergänzten. Ich habe diese Leute selbst gesehen, lange und eingehend mit ihnen gesprochen, ihre schriftlichen Aussagen liegen vor mir auf dem Tisch – und alle diese zahlreichen, aus den verschiedensten Quellen stammenden Bezeugungen schließen sich in ihren Details lückenlos zusammen, von der Beschreibung der Gewohnheiten des Kommandanturhundes Bari[23] bis zu den Erzählungen über die Technik des Mordens und die Vorrichtungen zum Hinschlachten am laufenden Band.

Wandern wir also durch die Kreise der Hölle von Treblinka!

Wer waren die Leute, die in den Transporten nach Treblinka gebracht wurden? Hauptsächlich Juden, danach Polen, Zigeuner. Bis zum Frühling 1942 wurde die gesamte jüdische Bevölkerung Polens, Deutschlands und der Westgebiete Bjelorußlands in Gettos gesperrt. In diesen Gettos von Warschau, Radom, Czenstochau, Lublin, Bjelostok, Grodno und in vielen Dutzend anderen, kleineren waren Millionen Juden zusammengedrängt: Arbeiter, Handwerker, Ärzte, Professoren, Architekten, Ingenieure, Lehrer, Künstler, Geschäftsleute, mit ihren Frauen, Töchtern, Söhnen, Müttern und Vätern. Allein im Getto von Warschau gab es ungefähr fünfhunderttausend Menschen. Offenbar war die Einschließung im Getto das erste, einleitende Kapitel in Hitlers Plan zur Ausrottung der Juden. Den Sommer 1942 – den Zeitpunkt des militärischen Erfolgs des Faschismus – betrachtete man als die geeignete Zeit, um den zweiten Teil des Programms auszuführen, die physische Vernichtung. Es ist bekannt, daß Himmler damals nach Warschau kam und die entsprechenden Anweisungen erteilte. Tag und Nacht wurde an der Einrichtung der Mordstätte von Treblinka gearbeitet. Schon im Juli gingen die ersten Transporte aus Warschau und Czenstochau nach Treblinka. Die Leute erhielten die Mitteilung, daß sie zu landwirtschaftlichen Arbeiten nach der Ukraine gebracht würden. Man erlaubte ihnen, zwanzig Kilogramm Gepäck und Lebensmittel mitzunehmen. In vielen Fällen veranlaßten die Deutschen ihre Opfer, Fahrkarten nach der Station „Ober-Maidan" zu kaufen. Mit diesem fingierten Namen bezeichneten die Deutschen Treblinka. Denn das Gerücht über den Schreckensort hatte bald ganz Polen durchlaufen, und so verschwand das Wort „Treblinka" aus dem Sprachschatz der SS, wenn sie die Leute in die Züge verluden. Die Behandlung bei der Verladung war jedoch derartig, daß schon kein Zweifel mehr aufkam, welches Schicksal die Passagiere erwartete. In einen Güterwagen wurden nicht weniger als hundertfünfzig Menschen gezwängt, gewöhnlich hundertachtzig bis zweihundert. Während der ganzen Fahrt, die sich manchmal zwei bis drei Tage hinzog, ließ man die Gefangenen ohne Wasser. Die Menschen litten so furchtbaren Durst, daß sie den eigenen Urin tranken. Für einen Schluck Wasser verlangten die Wachtposten hundert Zloty, brachten aber gewöhnlich kein Wasser, wenn sie das Geld bekommen hatten. Die Leute fuhren, eng aneinandergedrückt, manchmal sogar stehend, und in jedem Wagen waren, besonders in den schwülen Sommertagen, am Ziel der Reise einige Greise und Herzkranke verstorben. Da die Türen bis zum Ende der Fahrt nicht ein einziges Mal geöffnet wurden, zersetzten sich die Leichen und verpesteten die Luft in den Wagen. Wenn irgendein Passagier während der Nacht ein Streichholz anzündete, feuerte die Wache gegen die Wagenwände. Der Friseur Abraham Kohn erzählt, daß in seinem Waggon viele Personen durch diese Schießereien der Wache verwundet und fünf getötet worden sind.

Auf gänzlich andere Art kamen die Züge aus den westeuropäischen Ländern in Treblinka an. Dort hatten die Leute nie etwas von Treblinka gehört und glaubten bis zur letzten Minute, daß man sie zu einer Arbeitsstelle bringe, wobei die Deutschen ihnen noch auf jede Weise die Bequemlichkeiten und Annehmlichkeiten des neuen Lebens, das die Umsiedler erwartete, beschrieben hatten. Es trafen einige Transporte mit Menschen ein, die fest überzeugt waren, daß sie ins Ausland, in neutrale Länder überführt würden, sie hatten sich für schweres Geld bei deutschen Behörden Ausreisevisen und ausländische Pässe verschafft.

Einmal lief in Treblinka ein Zug mit englischen, kanadischen, amerikanischen und australischen Bürgern ein, die während des Krieges in Europa und Polen steckengeblieben waren. Nach langen, mit der Ausgabe großer Bestechungen verbundenen Bemühungen hatten sie die Ausreisegenehmigung in neutrale Staaten erreicht. Alle Züge aus den europäischen Ländern fuhren ohne Wachtposten mit gewöhnlichem Zugbedienungspersonal, mit angekoppelten Schlaf- und Speisewagen. Die Passagiere führten umfangreiche Gepäckstücke und Koffer mit sich, große Vorräte an Nahrungsmitteln. Wenn der Zug auf den Zwischenstationen hielt, stiegen die Kinder der Reisenden aus und fragten, ob man bald in Ober-Maidan sei.

Bisweilen kam ein Transport mit Zigeunern aus Bessarabien oder andern Gebieten. Einige Male waren es Transporte mit jungen Polen, Bauern und Arbeitern, die an Aufständen oder am Partisanenkampf teilgenommen hatten.

Schwer läßt sich sagen, was furchtbarer ist: dem Tod, von dessen Nahen man weiß, unter entsetzlichen Qualen entgegenzufahren oder vollkommen ahnungslos, daß der Untergang bevorsteht, aus dem Kupeefenster des gepolsterten Waggons zu schauen, während vom Bahnhof Treblinka im selben Augenblick das Lager antelephoniert wird und ihm Angaben über den eingetroffenen Zug und die Zahl der Neuankömmlinge gemacht werden.

Als letzter Betrug an den Ankömmlingen aus Europa wurde das tote Gleis, das zum Lager führte, wie eine gewöhnliche Bahnstation ausgestattet. Auf dem Perron, an dem die fälligen zwanzig Waggons entleert wurden, stand ein Bahnhofsgebäude mit Kassenschaltern, Gepäckaufbewahrungsraum und Bahnhofsrestaurant; überall Wegweiser „Züge nach Bjelostok", „Nach Baranowitschi", „Einsteigen nach Wolkowysk" usw. Beim Eintreffen des Transports spielte im Bahnhofsgebäude eine Kapelle, alle Musiker waren gut angezogen. Der die Uniform eines Eisenbahnbeamten tragende Pförtner nahm den Passagieren die Fahrkarten ab und ließ sie auf den Bahnhofsplatz hinaus. Drei- bis viertausend mit Säcken und Koffern beladene Menschen, die ihre Alten und Kranken stützten, betraten diesen Platz. Die Mütter hielten die Kleinen auf dem Arm, die größeren Kinder drängten sich, neugierig den Platz betrachtend, an ihre Eltern. Irgend etwas Beunruhigendes, Schreckliches lag über diesem, von Millionen Menschenfüßen zertretenen Platz. Das geschärfte Auge der Leute entdeckte schnell alarmierende Einzelheiten. Auf dem – offensichtlich wenige Minuten vor der Ankunft der Partie – hastig gekehrten Boden lagen verlassene Dinge: Kleiderbündel, offene Koffer, Rasierpinsel, emaillierte Kochtöpfe. Wie war das hierhergeraten? Und warum enden gleich hinter dem Bahnsteig die Gleise, warum wächst dort gelbliches Gras, und warum ist dort drei Meter hoher Stacheldraht gezogen? Wo ist die Strecke nach Bjelostok, nach Siedlce, Warschau, Wolkowysk? Und warum lächeln die neuen Wachtmannschaften so seltsam, wenn sie die an der Krawatte zupfenden Männer betrachten, die ordentlichen alten Weiblein, die Knaben in ihren Matrosenanzügen, die schlanken Mädchen, die es fertiggebracht haben, während dieser Reise adrett gekleidet zu bleiben, die jungen, liebevoll das Steckkissen ihrer Kleinsten zurechtrückenden Mütter? All diese Posten in den schwarzen Uniformen und die SS-Unteroffiziere glichen Treibern, die eine Herde in den Schlachthof jagen. Für sie waren die Ankömmlinge keine lebenden Menschen, und sie lächelten unwillkürlich, wenn sie Zeichen der Verschämtheit bemerkten, der Liebe, Angst, Sorge um die Angehörigen, um die Habseligkeiten, es kam ihnen komisch vor, daß die Mütter ihre Kinder tadelten, wenn sie ein paar Schritte weit wegliefen, und ihnen die Jäckchen glatt strichen, daß die Männer sich die Stirn mit dem Taschentuch trockneten und Zigaretten anzündeten, daß die jungen Mädchen ihre Haare ordneten und sich erschreckt die Röcke festhielten, weil ein Windstoß sie hochwirbelte. Es kam ihnen komisch vor, daß die Greise sich noch einmal zum Ausruhen auf die Koffer setzen wollten, daß einige Leute Bücher unter den Arm geklemmt hatten und die Kranken sich den Hals mit einem Schal umwickelten. Täglich passierten bis zu zwanzigtausend Menschen Treblinka. Tage, an denen nur sechs- bis siebentausend vom Bahnhof kamen, zählten als stille Tage. Vier- bis fünfmal am Tag füllte sich der Platz mit Menschen. Und alle diese Tausende, Zehntausende, Hunderttausende, die fragenden, verstörten Augen, alle diese jungen und alten Gesichter, die schwarzgelockten und blondhaarigen Schönen, die krummen, gebückten, kahlköpfigen Greise, die schüchternen Halbwüchsigen – das verschmolz zu einem einzigen Strom, von dem Vernunft und herrliche menschliche Wissenschaft und Mädchenliebe und kindliches Nichtbegreifen und der Husten der Alten und das Herz des Menschen verschlungen wurde.

Und von neuem spürten die Ankömmlinge zitternd die Seltsamkeit dieses zurückhaltenden, satten, höhnischen Blicks, eines Blicks, in dem die Überlegenheit des lebenden Tieres über den toten Menschen lag.

Und wieder fielen in diesen kurzen Augenblicken den auf dem Platz Stehenden unverständliche, Unruhe erweckende Kleinigkeiten auf.

Was ist dort, hinter der riesigen, sechs Meter hohen Wand, die mit welken Kiefernzweigen und mit Bettdecken fest abgedichtet ist? Auch die Bettdecken erregen Mißtrauen: gesteppt sind sie, vielfarbig, mit Seide oder Kattun bezogen, sie erinnern an jene Decken, die im Bettzeug der Ankömmlinge liegen. Wie sind diese Decken hierhergeraten? Wer hat sie gebracht? Und wo sind die Besitzer dieser Bettdecken? Warum brauchen sie keine Bettdecken mehr? Und wer sind diese Leute mit den hellblauen Armbinden? Alles in der letzten Zeit Durchdachte geht einem wieder durch den Kopf, die Aufregungen, die flüsternd weitergegebenen Gerüchte. Nein, nein, es kann nicht sein! Und der Mensch weist den schrecklichen Verdacht von sich. Die Unruhe hält ein paar Augenblicke, vielleicht zwei bis drei Minuten an, bis alle Ankömmlinge den Bahnsteig verlassen haben. Es gibt immer eine gewisse Verzögerung: bei jeder Partie sind körperlich Behinderte, Lahme, Greise und Kranke, die kaum die Füße heben können. Aber nun sind alle auf dem Platz. Ein Unterscharführer fordert die Ankömmlinge laut und abgehackt auf, ihre Sachen auf dem Platz abzustellen und sich in die Badeanstalt zu begeben, wobei sie lediglich ihre Ausweispapiere, Wertsachen und die nötigsten Waschutensilien mit sich zu nehmen haben. Sofort tauchen Dutzende von Fragen auf: soll man Wäsche mitnehmen, kann man die Bündel aufknoten, werden die Sachen, die auf dem Platz abgestellt sind, nicht durcheinandergeraten, nicht abhanden kommen? Aber irgendeine merkwürdige Kraft zwingt die Leute zu schweigen, eilig, ohne zu fragen, ohne sich umzuschauen, auf die Öffnung in der sechs Meter hohen, mit Zweigen verdeckten Stacheldrahtwand zuzugehen. Sie kommen an spanischen Reitern vorbei, an Stacheldraht in dreifacher Mannshöhe, einem drei Meter breiten Panzergraben, an dünnem, in Knäueln hingeworfenem stählernen Draht, und wieder an einer viele Meter hohen Wand aus Stacheldraht. Und ein furchtbares Gefühl packt sie – das Empfinden, verloren, hilflos preisgegeben zu sein; weder Flucht noch Umkehr, noch Kampf ist möglich – von niedrigen Holztürmen sind auf sie die Läufe großkalibriger Maschinengewehre gerichtet. Soll man um Hilfe schreien? Aber rundum stehen ja SS-Leute, Wachtmannschaften mit automatischen Gewehren, Handgranaten, Pistolen. Sie sind die Macht. Sie haben die Panzer und Flugzeuge, die Erde, die Städte, den Himmel, die Eisenbahn, das Gesetz, die Zeitungen, den Rundfunk. Die ganze Welt schweigt, niedergedrückt und geknechtet von der braunen Räuberbande, die die Macht an sich gerissen hat. Und nur irgendwo, viele tausend Kilometer weit, donnert an einem fernen Wolgaufer die Sowjetartillerie, eigensinnig den mächtigen Willen des russischen Volkes zum Todeskampf um die Freiheit verkündend, die Völker der Erde zum Kampf rufend und aufrüttelnd. Und auf dem Platz vor dem Bahnhofsknoten zweihundert Arbeiter mit himmelblauen Armbinden schweigsam, schnell und geschickt die Bündel auf, öffnen die Körbe und Koffer, lösen die Riemen von den Reisedecken. Das Sortieren und Abschätzen der von der soeben eingetroffenen Gruppe abgestellten Sachen ist in vollem Gang. Sorgfältig verpackte Nähkästchen fliegen auf den Boden, Garnrollen, Kinderhöschen, Hemden, Bettlaken, Jumper, Messerchen, Rasierapparate, verschnürte Briefpäckchen, Photos, Fingerhüte, Parfümflaschen, Spiegel, Häubchen, Schuhe, aus Wattedecken genähte dicke Stiefel, die vor dem Frost schützen sollten, Damenhalbschuhe, Strümpfe, Spitzen, Schlafanzüge, Pakete mit Butter, Kaffee, Kakaoschachteln, Betgewänder für den Gottesdienst, Leuchter, Bücher, Zwieback, Geigen, Spielzeugwürfel. Man mußte ein Fachmann sein, um in gezählten Minuten diese tausenderlei Gegenstände sortieren und abschätzen zu können – die einen zwecks Absendung nach Deutschland, die andern, zweitrangigen, abgetragenen und gestopften zum Verbrennen. Wehe dem Arbeiter, der sich irrte und einen alten Fiberkoffer zu den Haufen der für Deutschland ausgewählten ledernen Reisetaschen stellte, oder ein Paar nagelneue Pariser Strümpfe auf den Berg geflickter alter Socken warf! Der Arbeiter konnte sich nur einmal irren. Zu einem zweiten Irrtum gab man ihm keine Gelegenheit. Vierzig SS- und sechzig Wachtposten arbeiteten „beim Transport" — so hieß in Treblinka das erste, eben beschriebene Stadium: der Empfang der Züge, die Begleitung des Schubs aus dem „Bahnhof" und auf den Platz, die Kontrolle der die Sachen auslesenden und abschätzenden Arbeiter. Während dieser Tätigkeit steckten die Arbeiter oft heimlich, damit die Wachtposten nichts merkten, ein in Eßpaketen gefundenes Stück Brot, Zucker oder Konfekt in den Mund. Das war nicht gestattet. Erlaubt war, sich nach der Arbeit Gesicht und Hände mit Eau de Cologne und Parfüm abzureiben; es fehlte in Treblinka an Wasser, und nur die Deutschen und die Wachtmannschaften bekamen Waschwasser. Und während sich die noch lebenden, ehemaligen Besitzer der Sachen für das Bad bereitmachten, ging die Arbeit an ihrem Eigentum zu Ende; die wertvollen Gegenstände wurden in den Speicher gebracht und die Briefe, die Photos der Neugeborenen, Brüder und Bräute, die vergilbten Hochzeitsanzeigen, alle diese zahllosen, ihren Besitzern unendlich wertvollen Dinge, die für die Herren von Treblinka nur unnützes Gerümpel waren, wurden auf einen Haufen geworfen und in die riesigen Gruben befördert, auf deren Grund Hunderttausende gleichartiger Briefe lagen. Ansichtskarten, Visitenkarten, Photos und Fetzen Papier mit kindlichen Kritzeleien, den ersten ungeschickten Buntstiftzeichnungen. Der Platz wurde flüchtig gefegt und war zum Empfang einer neuen Partie Todgeweihter bereit. Aber nicht immer verlief es, wie es eben beschrieben wurde. Wenn die Gefangenen wußten, wohin sie gebracht wurden, brachen Revolten aus. Der Bauer Skrzeminski sah, wie die Leute aus zwei Zügen, nachdem sie die Türen eingeschlagen und die Wache überwältigt hatten, in den Wald stürzten. In beiden Fällen wurden alle bis zum letzten mit Maschinenpistolen niedergemacht. Die Männer hatten vier Kinder mit sich getragen, vier bis sechs Jahre alt. Auch diese Kinder wurden getötet. Von gleichen Kämpfen mit der Wache erzählt die Bäuerin Marianne Kobus. Als sie auf dem Feld arbeitete, wurden einmal vor ihren Augen sechzig Menschen ermordet, die aus dem Zug in den Wald ausgebrochen waren.

Inzwischen ist die Partie auf einen neuen Platz gelangt, der sich schon innerhalb der zweiten Lagerumfriedung befindet. Auf dem Platz steht eine riesige Baracke, rechts sind noch drei Baracken, zwei von ihnen dienen als Speicher für Kleidungsstücke, die dritte als Schuhspeicher. Weiter nach Westen hin liegen die Baracken der SS, die Baracken der Wachtmannschaft, Lebensmittelspeicher, der Viehhof, dort parken Personenautos, Lastkraftwagen, ein Panzerwagen. Das Bild eines gewöhnlichen Lagers, genau wie im Lager Nr. 1.

In der südöstlichen Ecke des Lagerhofes ist mit Zweigen ein Raum abgeteilt, vor dem ein Häuschen mit der Inschrift „Lazarett" steht. Alle Gebrechlichen und Schwerkranken werden von der Menge, die auf das Bad wartet, abgesondert und auf Bahren ins Lazarett getragen. Aus dem Häuschen kommt den Kranken ein Arzt in weißem Kittel entgegen, am linken Ärmel trägt er eine Armbinde mit dem Roten Kreuz. Was in dem „Lazarett" geschah, schildern wir später.

Die zweite Phase der Bearbeitung der eingetroffenen Partie ist dadurch charakterisiert, daß durch pausenlose, kurze und schnelle Kommandos der Wille der Menschen gelähmt wird. Die Befehle werden in jenem berühmten Tonfall erteilt, auf den die deutsche Armee so stolz ist, in dem „zackigen" Ton, der zu den Beweisen gehört, daß die Deutschen eine Herrenrasse sind. Das gleichzeitig hart und schnarrend zu schmetternde „r" knallt wie ein Peitschenhieb. „Achtung!" tönt es über der Menge, und in die bleischwere Stille spricht der Scharführer die auswendig gelernten, einige Male am Tag, viele Monate hindurch wiederholten Worte: „Männer stehenbleiben! Frauen und Kinder links in die Auskleidebaracken!"

Nun begannen, nach den Berichten der Augenzeugen, gewöhnlich erschütternde Szenen. Das hohe Gefühl der Mutter-, Gatten- und Sohnesliebe sagte den Leuten, daß sie sich zum letzten Male sahen. Händeschütteln, Küsse, Segensworte, Tränen, knappe Worte, in die die

Menschen ihre ganze Liebe, allen Schmerz, tiefste Zärtlichkeit, ihre ganze Verzweiflung legen... Die SS-Psychiater des Todes wissen, daß man diese Gefühle augenblicklich ersticken, zerstreuen muß. Die Psychiater des Todes kennen jene einfachen Gesetze, die auf allen Schlacht- und Viehhöfen der Welt gültig sind, Gesetze, die die Bestien in Treblinka auf den Menschen anwandten. Es war einer der verantwortungsvollsten Momente: die Trennung der Töchter von den Vätern, der Mütter von den Söhnen, der Großmütter von den Enkeln, der Männer von ihren Frauen.

Und wieder hallt es über den Platz: „Achtung! Achtung!" Gerade in diesem Augenblick muß die Vernunft der Leute erneut getrübt werden, man muß sie nach den Regeln des Todes, die als Regeln des Lebens ausgegeben werden, mit Hoffnung erfüllen. Die gleiche Stimme hackt Wort für Wort: „Frauen und Kinder ziehen beim Betreten der Baracke die Schuhe aus. Strümpfe in die Schuhe legen. Kinderstrümpfe in die Fußbekleidung der Kinder. Ordnung halten!"

Und sofort darauf: „Wertsachen, Ausweispapiere, Geld, Handtuch und Seife ins Bad mitnehmen. Ich wiederhole..."

In der Frauenbaracke befindet sich eine Friseurstube, den Frauen werden mit Haarschneidemaschinen die Haare abgeschnitten, den Greisinnen die Perücken abgenommen. Seltsamer psychologischer Vorgang – nach Aussage der Friseure hat dieses Haarschneiden in der Todesstunde die Frauen mehr als alles andere davon überzeugt, daß sie zum Baden geführt würden. Die Mädchen betasteten ihren Kopf und baten manchmal: „Hier ist es ungleichmäßig, bitte schneiden Sie etwas nach!" Gewöhnlich waren die Frauen nach dem Haarschneiden ruhiger geworden, fast jede verließ die Baracke mit ihrem Stückchen Seife und dem gefalteten Handtuch in der Hand. Einige junge Frauen weinten und jammerten um ihre schönen Zöpfe. Warum schnitt man den Frauen die Haare ab? Um sie zu täuschen? Nein, weil Deutschland Verwendung für diese Haare hatte. Sie waren Rohstoff... Ich habe viele Leute gefragt, was die Deutschen mit dieser Unmenge von Haaren der lebenden Toten machten. Sämtliche Zeugen bekundeten, daß die riesigen Haufen schwarzer, rötlicher, blonder Haare, Locken und Zöpfe desinfiziert, in Säcke gepreßt und nach Deutschland versandt wurden. Alle Zeugen versicherten, daß die mit Haaren gefüllten Säcke an deutsche Adressen gingen. Und wie verwertete man sie? Auf diese Frage konnte niemand antworten. Nur Kohn versichert in seinen schriftlichen Aussagen, daß der Abnehmer dieser Haare das Kriegsmarineamt war, die Haare dienten zum Stopfen von Matratzen, für technische Zwecke, zum Tauflechten für U-Boote.

Mir scheint, daß diese Aussage einer ergänzenden Bestätigung bedarf und daß Großadmiral Raeder,[24] der im Jahre 1942 Chef der deutschen Kriegsmarine war, sie der Menschheit geben wird.

Die Männer entkleideten sich im Hof. Aus der ersten, am Morgen eingetroffenen Gruppe wurden hundertfünfzig bis dreihundert der körperlich Kräftigsten ausgewählt; man benutzte sie zum Verscharren der Leichen und tötete sie gewöhnlich am nächsten Tag. Die Männer mußten sich sehr schnell, aber nach bestimmten Vorschriften entkleiden und Schuhe, Socken, Wäsche, Röcke und Hosen ordentlich zusammenlegen. Die Sortierung dieser Sachen übernahm das zweite, das „rote" Arbeitskommando, das sich von dem beim „Transport" beschäftigten durch rote Armbinden unterschied. Gegenstände, die wertvoll genug für den Versand nach Deutschland waren, schaffte man sogleich in die Speicher. Sämtliche Zeichen aus Metall oder Stoff wurden sorgfältig abgetrennt. Den Rest verbrannte oder verscharrte man in den Abfallgruben.

Das erregende Gefühl wuchs ständig. Den Geruchsinn alarmierte ein unheimlicher, mit den Ausdünstungen von Chlorkalk durchsetzter Geruch. Unbegreiflich schienen die ungeheuren Schwärme fetter, zudringlicher Fliegen. Was hatte sie nur hierhergelockt zwischen die Kiefern? Die Menschen atmeten erregt und schwer, schaudernd hielten sie nach den winzigsten Kleinigkeiten Ausschau, die das Geheimnis erklären, ausplaudern, den Schleier lüften konnten, der ihr Schicksal verhüllte. Und warum wohl dort, im Süden, die gigantischen Bagger so laut polterten?

Ein neues Verfahren begann. Die nackten Leute wurden zu einer Kasse begleitet und aufgefordert, Dokumente und Wertsachen abzugeben. Wieder brüllte die schreckliche, hypnotisierende Stimme: „Achtung! Achtung! Achtung!... Verheimlichen von Wertsachen wird mit dem Tode bestraft!"

In einer kleinen, aus Brettern zusammengeschlagenen Bude saß der Scharführer. Neben ihm standen SS- und Wachtposten. Neben der Bude standen Holzkästen, in die die Wertsachen geworfen wurden: in die eine Papiergeld, in die andere Münzen, in die dritte Uhren, Ringe, Ohrgehänge, Broschen mit Edelsteinen, Armbänder. Und die schon niemand auf der Welt mehr nötigen Dokumente flogen auf die Erde, die Dokumente der lebenden Leichname, die eine Stunde später festgestampft in der Grube liegen werden. Aber das Gold und die Wertobjekte wurden nun einer sorgfältigen Prüfung unterzogen. Dutzende von Juwelieren begutachteten die Reinheit des Metalls, den Wert der Steine, die Wasserhelle der Brillanten.

Erstaunliches Geschehen! Die Bestien verstanden, aus allem Nutzen zu ziehen, aus dem Leder, dem Papier, der Leinwand, aus allem und jedem, was dem Menschen gedient hatte, die Bestien konnten alles gebrauchen und verwerten, nur die höchste Kostbarkeit der Erde wurde von ihnen zertreten – das Menschenleben. Und wieviel hoher kraftvoller Geist, welche anständigen Seelen, welche strahlenden Kinderaugen, welche freundlichen Greisengesichter, welch stolze Schönheit der Mädchenköpfe, an deren Erschaffung die Natur im großen Dunkel der Jahrhunderte gewirkt hat, stürzten als riesiger, schweigsamer Strom in den Abgrund des Nichts. Sekunden waren nötig, um zu vernichten, was Welt und Natur in einem riesigen, qualvollen Schöpfungsprozeß hervorgebracht hatten.

Hier, an der „Kasse", begann die Krise — dort endete die Folter der Lüge, die den Menschen in der Hypnose des Nichtwissens hielt, es endete das ihn minutenlang zwischen Hoffnung und Verzweiflung von der Vision des Lebens zur Vision des Todes hin und her schleudernde Fieber. Diese Lügenfolter war ein Bestandteil am Fließband der Hinrichtung, sie unterstützte die Arbeit der SS. Und sobald der letzte Akt in der Beraubung der lebenden Toten anbrach, trat eine jähe Veränderung im Umgang der Deutschen mit ihren Opfern ein. Die Ringe wurden den Frauen von den Fingern gezerrt, daß die Knöchel brachen, die Ohrgehänge mit den Ohrläppchen abgerissen.

Die letzte Etappe des Mordens am laufenden Band verlangte zwecks schneller Abwicklung eine neue Taktik, und darum wurde das Wort „Achtung!“ durch ein anderes, peitschendes, zischendes abgelöst: „Schneller! Schneller! Schneller!“ Im Laufschritt, marsch, marsch, ins Nichts!

Aus der grausamen Praxis der letzten Jahre hat man erfahren, daß der nackte Mensch sogleich die Kraft des Widerstandes einbüßt, daß er aufhört, gegen das Schicksal zu kämpfen, daß er mit der Kleidung die Kraft des Lebensinstinkts verliert und das Schicksal wie ein unausweichbares Verhängnis hinnimmt. Selbst der Lebensgierigste wird passiv. Aber um sich zu sichern, Wandte die SS in der letzten Etappe des Fließband-Mordens noch eine zusätzliche, ungeheuerliche Betäubungsmethode an, damit Nerven und Gemüt der Menschen in einen Schockzustand gerieten. Wie geschah das?

Durch plötzliche und schroffe Anwendung einer sinnlosen unlogischen Grausamkeit. Man hatte den nackten Leuten alles weggenommen, aber sie waren so eigensinnig, noch immer tausendfach mehr Mensch zu bleiben als die sie umgebenden Kreaturen in den deutschen Uniformen; noch immer atmeten, blickten und dachten sie, noch immer schlugen ihre Herzen. Man schlug ihnen Seife und Handtuch aus den Händen. Man stellte sie in Fünferreihen auf.

„Hände hoch! Marsch! Schneller, schneller!“

Sie betraten die schnurgerade, von Blumen und Tannen umsäumte, hundertzwanzig Meter lange, zwei Meter breite Allee, die zur Mordstätte führte. Beide Seiten dieser Allee waren mit Draht bespannt, Schulter an Schulter standen die Posten in grauen, die SS in schwarzen Uniformen. Der Weg war mit weißem Sand bestreut. Die mit erhobenen Händen Vorwärtsgehenden sahen in diesem lockeren Sand die frischen Abdrücke nackter Füße: kleine Frauenfüße, winzige Kindertapser, schwerfällige Vertiefungen von den Sohlen der Alten. Diese flüchtige Spur im Sand – das war alles, was von den Tausenden übriggeblieben war, die erst vor kurzem über diese Straße gegangen waren, genau so wie jetzt neue Viertausend dahinziehen und wie nach diesen Viertausend zwei Stunden später noch Tausende dahinziehen werden, die schon auf dem Gleis am Wald warten, bis die Reihe an sie kommt. Genau wie gestern, wie vor zehn Tagen und wie morgen oder in fünfzig Tagen, wie die Menschen die ganzen dreizehn Monate lang dahinzogen, solange die Hölle von Treblinka bestand.

Diese Allee nannten die Deutschen „Die Straße ohne Wiederkehr".

Ein faxenmachendes, grimassenschneidendes, menschenähnliches Subjekt namens Suchomil[25] brüllte, die deutschen Worte absichtlich radebrechend: „Kinderchen, Kinderchen, schneller, nur schneller, das Wasser in der Wanne wird schon kalt! Schneller, Kinderchen, schneller!" – und wieherte, knickste, tänzelte. Mit erhobenen Händen zogen die Menschen schweigend zwischen den beiden Reihen der Büttel hin; Gewehrkolben und Gummiknüppel schlugen zu. Die Kinder konnten mit den Erwachsenen nicht Schritt halten und rannten. Bei dem Bericht von diesem letzten tragischen Zug erwähnen alle Zeugen die Greueltaten einer menschenähnlichen Kreatur, des SS-Manns Zepf.[26] Er hatte sich als Kindermörder spezialisiert. Dieses über Riesenkräfte verfügende Subjekt griff sich plötzlich aus der Menge ein Kind heraus, schwenkte es wie eine Keule durch die Luft und schlug ihm den Schädel am Boden ein oder riß es mitten entzwei.

Als ich von diesem, allem Anschein nach von einem Weib geborenen Geschöpf hörte, schien es mir undenkbar und unwahrscheinlich, daß die Erzählungen über ihn wahr sein konnten. Als aber unmittelbare Augenzeugen mir persönlich bestätigten, daß dies Einzelheiten waren, die in dem Gesamtaufbau der Hölle von Treblinka nicht auffielen oder ihm irgendwie widersprachen, glaubte ich an die Möglichkeit der Existenz einer solchen Kreatur.

Zepfs Auftreten war nötig, der psychische Schock der in den Tod Ziehenden wurde gerade dadurch gefördert, weil es der Ausdruck jener unlogischen Grausamkeit war, die Willen und Bewußtsein erdrückt. Zepf war ein nützliches, brauchbares Schräubchen in der gewaltigen Maschinerie des faschistischen Staates.

Nicht darüber gilt es sich zu entsetzen, daß die Natur solche degenerierte Geschöpfe hervorbringt, gibt es doch in der organischen Welt nicht wenig Mißgeburten, einäugige Zyklopen, Wesen mit doppelten Köpfen und die ihnen entsprechenden schrecklichen geistigen Verkrüppelungen und Perversionen. Entsetzlich ist etwas anderes, daß solche Entartete, die isoliert und von der Wissenschaft zur Erforschung von Geisteskrankheiten als Phänomene studiert werden müßten, in einem gewissen Staat aktive, handelnde Bürger sind. Ihre Wahnvorstellungen, ihr pathologisches Wesen, ihre phänomenalen Verbrechen sind unerläßliche Elemente des faschistischen Staates. Tausende, Zehntausende, Hunderttausende solcher Geschöpfe sind die Grundpfeiler des deutschen Faschismus, die Stützen, das Fundament Hitlerdeutschlands. Jahre hindurch waren sie – uniformiert, bewaffnet und mit den Orden des Reiches ausgezeichnet – befugte Herren über das Leben der Völker Europas. Nicht über ihre Existenz sollte man sich entsetzen, sondern über den Staat, der sie aus dunklen Ritzen und geheimen Winkeln hervorrief, sie zu etwas Notwendigem, Nützlichem, Unersetzlichem in Treblinka bei Warschau machte, wie in Maidanek bei Lublin, in Belschiza, in Sabibur, in Oswienzim, in Babi Jar bei Kiew, in Domanewka[27] und Bogdanowka[28] bei Odessa, in Trostjanez[29] bei Minsk, im litauischen Ponari,[30] in Dutzenden und Hunderten von Gefängnissen, Arbeits- und Straflagern, in den Lagern zur Vernichtung des Lebens.

Der Weg von der „Kasse" bis zur Hinrichtungsstelle dauerte einige Minuten. Die von Schlägen angetriebenen und von Schreien betäubten Leute betraten einen dritten Platz und machten einen Augenblick erschüttert halt.

Vor ihnen erhob sich ein schönes, holzverziertes Steingebäude im Stil eines alten Tempels. Fünf breite, betonierte Stufen führten zu niedrigen, aber sehr breiten, schön gearbeiteten, massiven Türen. Vor dem Eingang wuchsen Blumen, standen Blumenkübel. Jedoch rundum herrschte Chaos – überall sah man Berge frisch aufgegrabener Erde; die stählernen Zangen eines riesengroßen Baggers warfen knirschend Tonnen gelbsandigen Grunds aus, und der hochgewirbelte Staub schob sich zwischen Erde und Sonne. Das Dröhnen der gewaltigen Maschine, die von morgens bis nachts ungeheure Massengräber aufriß, vermischte sich mit dem heiseren Bellen Dutzender deutscher Schäferhunde.

Von beiden Seiten des Totenhauses liefen Gleise einer Feldbahn, über die Leute in weiten Overalls Loren rollen ließen. Die breiten Türen des Totenhauses taten sich langsam auf, und zwei Gehilfen von Schmitt,[31] dem Chef des Betriebes, erschienen vor dem Eingang. Es waren Sadisten und Besessene: der eine hochgewachsen, dreißigjährig, breitschultrig, mit bräunlichem, lachendem, freudig erregtem Gesicht und schwarzem Haar, der andere jünger, von kleiner Statur, brünett, die Wangen blaßgelblich, als ob er gerade eine verstärkte Dosis Akrichin[32] genommen hätte. Die Vor- und Zunamen dieser Verräter der Menschheit und des Vaterlandes, dieser Eidbrüchigen, sind bekannt.

Der Hochgewachsene hielt ein meterlanges schweres Gasrohr und eine Peitsche in den Händen, der andere war mit einem Säbel bewaffnet.

Gleichzeitig ließ die SS die dressierten Hunde los, die sich auf die Menge warfen und sich in die nackten Leiber der Todgeweihten verbissen. Unter wildem Geschrei schlug die SS mit den Kolben zu, um die wie vom Starrkrampf befallenen Frauen anzutreiben.

Innerhalb des Gebäudes waren Schmitts Untergebene am Werk, sie trieben die Leute durch die aufgerissenen Türen der Gaskammern.

In dieser Minute erschien Kurt Franz,[33] einer der Kommandanten von Treblinka, seinen Hund Bari an der Leine führend, vor dem Gebäude. Sein Herr hatte ihn besonders abgerichtet: der Hund hatte auf die Verurteilten zu springen und ihnen die Geschlechtsteile abzureißen. Kurt Franz hat im Lager Karriere gemacht, er fing als Rottenführer an und erreichte den Rang eines Untersturmführers. Dieser fünfunddreißigjährige aufgeschossene, magere SS-Mann zeichnete sich nicht nur durch organisatorische Begabung aus, er versah nicht nur seinen Dienst mit Leib und Seele und konnte sich sein Leben ohne Treblinka überhaupt nicht vorstellen, wo alles unter seiner unermüdlichen Aufsicht stand; bis zu einem gewissen Grad war er auch Theoretiker und liebte es, Sinn und Bedeutung seiner Arbeit zu erläutern und zu verallgemeinern. In diesen grauenvollen Minuten hätten – natürlich nur als Zuschauer – vor dem Gebäude mit den Gaskammern der Papst und Mister Brailsford[34] und alle anderen humanen Verteidiger des Hitlerismus zugegen sein sollen. Sie würden die beste Gelegenheit gehabt haben, ihre von Menschenliebe durchdrungenen Predigten, Bücher und Artikel um neue Argumente zu bereichern. Übrigens hätte der Heilige Vater, der so andächtig schwieg, während Himmler dabei war, die Menschheit zu vernichten, leicht ausrechnen können, wieviel Arbeitsgänge die Deutschen in Treblinka gegebenenfalls für das Personal seines Vatikans benötigten. Die Kraft der Menschlichkeit ist groß, die Menschlichkeit stirbt nicht, solange der Mensch nicht vergeht. Und als jener kurze, aber schreckliche Abschnitt der Geschichte begann, in dem die Bestie über den Menschen triumphierte, bewahrte der von der Bestie gemordete Mensch bis zum letzten Atemhauch seine Seelenstärke, die Klarheit des Denkens und die Glut der Liebe. Die triumphierende Bestie aber, die den Menschen vernichtete, blieb nach wie vor Bestie. Auch in dieser unsterblichen Seelenkraft der Menschen ist ein düsteres Märtyrertum, der sterbende Mensch besiegt die lebende Bestie. So schimmerte in den schwersten Tagen des Jahres 1942 die Morgenröte der sieghaften Vernunft über die bestialische Unvernunft, der Triumph des Guten über das Böse, des Lichts über die Finsternis, der Kräfte des Fortschritts über die Gewalt der Reaktion. Eine schreckliche Röte stand über den von Blut und Tränen gedüngten Feldern, dem Abgrund des Leids, und der dämmernde Morgen stieg aus dem Schrei sterbender Mütter und Kinder, dem Todesröcheln der Greise.

Die Bestie und ihre Philosophen prophezeiten den Untergang Europas und der Welt, aber die Menschen blieben Menschen, sie erkannten die Moral und die Gesetze des Faschismus nicht an, sie stritten mit allen Mitteln gegen sie, kämpften noch durch ihr menschliches Sterben.

Die Erzählungen, wie die lebenden Toten von Treblinka bis zur letzten Minute nicht nur Haltung und das Bild des Menschen, sondern auch ihre Seelengröße bewahrten, erschüttern aufs tiefste, sie rauben Ruhe und Schlaf! Erzählungen von Frauen, die großartige, hoffnungslose Taten vollbrachten, um ihre Söhne zu retten, von jungen Müttern, die mit dem eigenen Leib ihre Kinder deckten. Niemand kennt die Namen dieser Mütter, und nie wird man sie erfahren. Man erzählte von zehnjährigen Mädchen, die mit prophetischer Weisheit ihre schluchzenden Mütter trösteten, von einem Knaben, der beim Betreten der Gaskammer aufschrie: „Nicht weinen, Mutter, die Russen rächen uns!"

Niemand weiß, wie diese Kinder hießen, und nie wird man es erfahren. Man erzählte von Dutzenden von Todgeweihten, die als einzelne gegen die zahlreiche, mit Schnellfeuerwaffen und Handgranaten ausgerüstete SS-Meute den Kampf aufnahmen und aufrecht standen, bis ihre Brust von zahllosen Kugeln durchschossen war. Man erzählte uns von einem jungen Mann, der einen SS-Offizier erstach, von einem aus dem aufständischen Warschauer Getto hierhergebrachten jungen Burschen, dem es durch ein Wunder gelungen war, vor den Deutschen eine Handgranate zu verstecken, die er, schon nackt, in den Haufen der

Henker warf. Man erzählt von einer Schlacht, die die ganze Nacht hindurch zwischen einer aufrührerischen Gruppe von Todgeweihten und den Abteilungen der Wachtposten und SS tobte. Bis zum Morgen krachten die Schüsse, explodierten die Handgranaten, und als die Sonne aufging, war der ganze Platz mit den Leichen der Kämpfer bedeckt, und neben jedem lag seine Waffe — eine aus dem Zaun gerissene Latte, ein Messer, eine Rasierklinge. Solange die Erde steht, wird niemand die Namen der Gefallenen erfahren. Man erzählt von einem hochgewachsenen Mädchen, das auf der „Straße ohne Wiederkehr" einem Posten den Karabiner entriß und gegen eine Schar feuernder SS-Leute kämpfte. Zwei Bestien wurden in diesem Kampf getötet, dem dritten der Arm zerschmettert, der ihm abgenommen werden mußte. Die Mißhandlungen und die Hinrichtung, die das Mädchen erlitt, waren grauenhaft. Keiner kennt ihren Namen, niemand vermag ihn zu ehren.

Aber ist es wirklich so? Der Hitlerismus nahm diesen Leuten Heim und Leben, wollte ihre Namen aus dem Gedächtnis der Welt ausmerzen. Doch alle – die Mütter, die mit dem eigenen Leib ihre Kinder deckten, und die Kinder, die ihren Vätern die Tränen abwischten, und jene, die mit Messern kämpften, Handgranaten schleuderten und in der nächtlichen Schlacht fielen, und das nackte Mädchen, das gleich einer Göttin aus der altgriechischen Sage allein gegen Dutzende stritt – sie alle, diese ins Nichts Entglittenen, bewahren in Ewigkeit jenen besten Namen, den das Gesindel der Hitler und Himmler nicht in die Erde stampfen konnte – den Namen „Mensch". Auf den Grabstein dieser Gefallenen schreibt die Geschichte: „Hier ruht der Mensch."

Manchmal war das Schreien der sterbenden Frauen so entsetzlich, erzählen die Bewohner der Treblinka am nächsten gelegenen Ortschaft Wulka, daß das ganze Dorf, außer sich geratend, in einen entlegenen Wald floh, um diesem durchdringenden, herzzerreißenden, Himmel und Erde erschütternden Geschrei zu entkommen. Dann verstummte plötzlich der Schrei, um ebenso entsetzlich, markerschütternd, durchdringend, alle Glieder lähmend, neu aufzuleben... Das wiederholte sich drei- bis viermal am Tag.

Ich fragte Sch., einen der gefangenen Henker, nach diesem Geschrei. Er erklärte mir, daß die Frauen in jener Minute, in der die Hunde losgelassen wurden und die ganze Menge in das Totenhaus getrieben wurde, aufschrien. „Sie sahen den Tod vor sich; außerdem war es dort sehr eng, man hat sie schrecklich geprügelt, und die Hunde bissen zu."

Die plötzliche Stille trat ein, wenn sich die Türen der Kammern schlössen. Der Schrei der Frauen erneuerte sich, wenn eine neue Partie zur Gaskammer gebracht wurde. Das wiederholte sich zwei-, drei-, vier- und mitunter fünfmal am Tag. Der Mordplatz von Treblinka war ja keine gewöhnliche Richtstätte. Es war ein Mordunternehmen am laufenden Band, unter Anwendung der in der modernen Schwerindustrie üblichen Fließband-Methoden organisiert.

Wie ein echter industrieller Großbetrieb entstand Treblinka nicht sogleich in der von uns beschriebenen Form. Er wuchs allmählich, erweiterte sich, neue Werkstätten wurden angelegt. Zuerst hatte man drei Gaskammern von geringem Umfang gebaut. Während diese Kammern im Bau waren, trafen einige Transporte ein; da die Kammern noch nicht fertig waren, wurden alle Ankömmlinge mit Hieb- und Stichwaffen erledigt — mit Beilen, Hämmern, Knüppeln. Die SS wollte nicht, daß den Einwohnern der Umgebung die Arbeit von Treblinka durch Schießereien enträtselt wurde. Die ersten drei betonierten Kammern waren klein, fünf mal fünf Meter, das heißt: jede hatte eine Fläche von fünfundzwanzig Quadratmetern. Jede Kammer war hundertneunzig Zentimeter hoch. Sie besaß zwei Türen, in die eine ließ man die Lebenden hinein, die andere diente zum Herausholen der vergasten Leichen. Diese zweite Tür war sehr breit, ungefähr zweieinhalb Meter. Die Kammern waren auf einem gemeinsamen Fundament aufgebaut.

Diese drei Kammern entsprachen nicht der von Berlin geforderten Leistungsfähigkeit im Fließbandmord.

Sogleich ging man an den Bau des vorher beschriebenen Gebäudes. Die Führer von Treblinka waren stolz darauf, daß sie in bezug auf die Leistung, Aufnahmefähigkeit und den Nutzraum der Kammern alle Todesfabriken der Gestapo – sowohl Maidanek als auch Sabibur und Belschiza – weit hinter sich ließen.

Fünf Wochen lang arbeiteten siebenhundert Gefangene an dem Gebäude des neuen Mord-Großbetriebs. Als die Arbeit in vollem Gange war, kam aus Deutschland ein Meister mit seinen Leuten und besorgte die Montage. Die neuen Kammern, insgesamt zehn, lagen symmetrisch angeordnet zu beiden Seiten eines betonierten breiten Flurs. Jede Kammer hatte wie ihre drei Vorgänger zwei Türen, die eine zur Flurseite hin, wo die Lebenden hineingeführt wurden, die zweite, in der entgegengesetzten Wand, parallel gelegene, diente zum Herausholen der vergasten Leichen. Diese Türen führten auf besondere Bahnsteige, deren es zwei gab, ebenfalls symmetrisch zu beiden Seiten des Gebäudes angeordnet. Bis zu den Bahnsteigen führten Schmalspurgleise. Auf solche Weise konnten die. auf den Bahnsteig geworfenen Leichen sofort in die Loren verladen und zu den riesenhaften Massengräbern befördert werden, die Tag und Nacht von den Baggerkolossen aufgerissen wurden. Der Boden der Kammern war vom Flur nach den Bahnsteigen hin stark abgeschrägt, wodurch die Räumungsarbeit wesentlich beschleunigt wurde. Aus den alten Kammern hatte man die Leichen noch auf primitive Weise weggeschafft: sie wurden auf Bahren gelegt oder an Riemen weggeschleift. Die neuen Kammern hatten jeweils eine Fläche von sieben mal acht Metern, d. h. von sechsundfünfzig Quadratmetern. Die Gesamtfläche der neuen zehn Kammern betrug fünfhundertsechzig Quadratmeter, und wenn man dazu die Fläche der drei alten Kammern zählt, die beim Eintreffen kleiner Partien weiterbenutzt wurden, so verfügte Treblinka im ganzen über eine tödliche Nutzfläche von sechshundertfünfunddreißig Quadratmetern. In eine Kammer wurden gleichzeitig vierhundert bis sechshundert Menschen gepreßt. Bei voller Belastung vernichteten also die zehn Kammern in einem Arbeitsgang durchschnittlich vier- bis sechstausend Menschen. Bei der allerdurchschnittlichsten Belastung füllten sich die Kammern der Hölle von Treblinka täglich wenigstens zwei- bis dreimal (es gab Tage, wo es sechsmal geschah). Wenn wir die Zahlen absichtlich verkleinern, können wir ausrechnen, daß bei nur zweimaliger täglicher Benutzung allein der neuen Kammern an einem einzigen Tag in Treblinka ungefähr zehntausend und im Monat etwa dreihunderttausend Menschen ermordet wurden. Treblinka arbeitete dreizehn Monate lang, Tag für Tag, aber wenn wir sogar neunzig Tage für Reparaturen, Stillstand, ausgefallene Transporte in Abzug bringen, so war Treblinka auch dann zehn volle Monate in Betrieb. Wenn auf den Monat durchschnittlich dreihunderttausend Personen kommen, so hat Treblinka innerhalb von zehn Monaten drei Millionen Menschen vernichtet. Wir sind wieder auf die Ziffer von drei Millionen gekommen. Zuerst hatten wir diese Ziffer aus der absichtlich verkleinernden Berechnung der eintreffenden Transportzüge abgeleitet.

Die Hinrichtung in der Kammer dauerte zehn bis fünfundzwanzig Minuten. Als die neuen Kammern in Betrieb genommen wurden und die Henker in der ersten Zeit mit der Gaszufuhr nicht gleich zurechtkamen, sondern Versuche anstellten, welche Mengen der einzelnen Giftgase notwendig waren, machten die Opfer in den zwei bis drei Stunden, die sie am Leben blieben, furchtbare Qualen durch. Anfangs funktionierten auch die Druck- und Absauganlagen schlecht, die Leiden der Unglücklichen zogen sich damals acht und zehn Stunden hin. Die verschiedensten Mittel wurden zur Tötung angewandt: man preßte die Auspuffgase eines schweren Panzermotors hinein, der die Kraftstation von Treblinka bediente. Dieses Auspuffgas enthält zwei bis drei Prozent Kohlenoxyd,[35] das die Eigenschaft hat, mit dem Hämoglobin des Blutes eine stabile Verbindung einzugehen, das sogenannte Kohlenoxydhämoglobin. Dieses Kohlenoxydhämoglobin ist bei weitem stabiler als das Oxyhämoglobin, die Verbindung, die sich bildet, wenn in den Alveolen der Lungen das Blut mit dem Sauerstoff der Luft in Berührung tritt. Im Laufe von fünfzehn Minuten geht das Hämoglobin des menschlichen Blutes mit dem Kohlenoxyd eine feste Verbindung ein, und der Mensch atmet dann gewissermaßen im „Leerlauf", weil der Sauerstoff nicht mehr in seinen Organismus gelangt, die Symptome des Sauerstoffmangels zeigen sich: das Herz klopft rasend, es jagt Blut in die Lungen, aber das vom Kohlenoxyd vergiftete Blut kann den Sauerstoff aus der Luft nicht mehr aufnehmen. Der Atem verwandelt sich in heiseres Röcheln, qualvolle Erstickungserscheinungen setzen ein, das Bewußtsein verdunkelt sich, der Mensch stirbt wie jemand, der erwürgt wird.

Das zweite, in Treblinka am meisten angewandte Verfahren war das Herauspumpen der Luft aus den Kammern mit Hilfe spezieller Absaugvorrichtungen – die Todesursachen waren ungefähr die ähnlichen wie bei der Vergiftung mit Kohlenoxyd: dem Menschen wurde die Sauerstoffzufuhr gesperrt. Und schließlich noch die dritte, seltener, aber ebenfalls angewandte Methode, die Ermordung durch Dampf, die auch darauf beruhte, dem Organismus den Sauerstoff zu entziehen: der Dampf verdrängte die Luft aus der Kammer. Man wandte auch verschiedene Giftgase an, aber das war nur ein Experimentieren mit industriellen Verfahren des Massenmords; allgemein angewandt waren die beiden zuerst beschriebenen Verfahren.

Bei dem ganzen Arbeitsprozeß des Fließbandes von Treblinka handelte es sich also darum, daß die Bestie dem Menschen nacheinander alles nahm, was ihm seit ewigen Zeiten nach dem heiligen Gesetz des Lebens zustand.

Zunächst wurde dem Menschen die Freiheit genommen, sein Haus, sein Vaterland, und er wurde in eine namenlose waldumstandene Einöde verschleppt. Dann wurde er auf dem Bahnhofsplatz seiner Sachen, der Briefe und Bilder seiner Angehörigen beraubt und darauf, hinter dem Lagerzaun, seiner Mutter, Gattin, Kinder. Dann nahm man dem nackten Menschen die Dokumente ab und warf sie ins Feuer: der Mensch hatte keinen Namen mehr. Er wurde in den Flur mit dem niedrigen Steinplafond getrieben – Himmel, Sterne, Wind und Sonne waren ihm entzogen.

Und nun hebt der Schlußakt der menschlichen Tragödie an – der Mensch betritt den letzten Kreis der Hölle von Treblinka. Die Tür der betonierten Kammer schlägt zu. Sie hat vervollkommnete, einander ergänzende Riegel: massive Klappen, Klammern und Angeln sichern diese Tür. Die zerbricht man nicht.

Sind wir überhaupt fähig, darüber nachzudenken, was die Menschen in diesen Kammern während ihrer letzten Minuten fühlten und durchlitten? Bekannt ist, daß sie schwiegen... In so grauenhafter Enge, daß die Knochen brachen und der eingedrückte Brustkorb nicht mehr Atem holen konnte, standen sie aneinandergepreßt, klebrigen Todesschweiß verströmend, sie standen wie ein einziger Mensch. Irgend jemand, ein weiser Greis vielleicht, flüstert mühsam: „Seid getrost, es ist zu Ende!" Irgend jemand stößt einen schrecklichen Fluch aus... Undenkbar, daß dieses heilige Verdammniswort sich nicht erfüllt... Mit übermenschlicher Anstrengung versucht eine Mutter, ihrem Kindchen etwas Platz zu verschaffen, um sein Todesröcheln durch diese letzte mütterliche Sorgfalt wenigstens etwas zu mildern. Auf den erstarrenden Lippen eines Mädchens liegt die Frage: „Aber warum erstickt man mich denn, warum?" Und der Kopf schwindelt, die Kehle schnürt sich zu. Welche Bilder huschen an den verglasten, brechenden Augen vorbei? Die Kindheit, friedliche Tage, die letzte schwere Fahrt? Vielleicht taucht vor irgend jemand das höhnische Gesicht des SS-Manns auf dem Platz vor dem Bahnhof auf: „Ach, darüber hat er also gelacht..." Das Bewußtsein verschwimmt, die Minute der letzten unsagbaren Qual ist gekommen... Nein, man kann sich nicht vorstellen, was in der Kammer vorging... Da stehen, langsam erkaltend, die toten Körper. Länger als alle haben die Kinder geatmet, berichten die Zeugen. Nach zwanzig bis fünfundzwanzig Minuten schauten die Handlanger Schmitts durch die Guckfenster. Nun war es so weit, daß man die auf den Bahnsteig führenden Kammertüren öffnen konnte. Gefangene in Arbeitsanzügen, von der SS lärmend angetrieben, machten sich an die Räumung. Da der Fußboden zur Seite des Bahnsteigs hin schräg abfiel, rollten viele Körper von selbst heraus. Leute, die bei der Entleerung der Kammern gearbeitet haben, erzählten mir, daß die Toten sehr gelbe Gesichter hatten und daß bei ungefähr siebzig Prozent der Ermordeten ein wenig Blut aus Nase und Mund ausgetreten war. Das mögen die Physiologen erklären. Sich miteinander unterhaltend, sahen sich die SS-Leute die Leichen an. Wenn irgend jemand Lebenszeichen von sich gab, stöhnte oder sich bewegte, wurde er mit Pistolenschüssen erledigt. Danach rissen Kommandos, die mit zahnärztlichen Zangen ausgerüstet waren, den Toten die Platin- und Goldkronen aus dem Mund. Man sortierte diese nach ihrem Wert, verpackte sie in Kisten und fertigte sie nach Deutschland ab. Wenn es für die SS günstiger oder bequemer gewesen wäre, den Lebenden die Zähne auszubrechen, so hätten sie dies natürlich ohne Skrupel getan. Aber offenbar war es bequemer und leichter, den Toten die Zähne auszureißen.

Die Leichen wurden in Loren verladen und zu den riesigen Massengräbern gefahren. Man legte sie hinein, in engen Reihen, eine an die andere gedrückt. Die Grube wurde nicht zugeschüttet, sie wartete. Und während der gleichen Zeit, in der man gerade erst an die Räumung der Gaskammern schritt, erhielt der beim „Transport“ arbeitende Scharführer einen kurzen telephonischen Befehl. Der Scharführer pfiff. Es war das Signal für den Lokomotivführer, und neue zwanzig Waggons schoben sich langsam an den Bahnsteig heran, auf dem die Attrappe der Bahnstation „Ober-Maidan“ stand. Neue drei- bis viertausend, ihre Koffer, Bündel, Eßpakete tragende Menschen gingen auf den Bahnhofsplatz hinaus.

Die Mütter hielten die Kleinen auf dem Arm, die größeren Kinder drängten sich, neugierig den Platz betrachtend, an ihre Eltern. Irgend etwas Beunruhigendes, Schreckliches lag über diesem von Millionen Menschenfüßen zertrampelten Platz... Und warum enden gleich hinter dem Bahnsteig die Gleise, warum wächst dort gelbliches Gras, und warum ist dort drei Meter hoher Stacheldraht gezogen?...

Nach einem genauen Voranschlag wurde der Empfang der neuen Partie so durchgeführt, daß die Todgeweihten im gleichen Augenblick die „Straße ohne Wiederkehr" betraten, in dem die letzten Leichen aus den Gaskammern zu den Gräben gebracht wurden. Die Grube stand offen, sie wartete.

Und der von Papieren und schematischen Darstellungen umgebene, in der Verteilerstelle sitzende Lagerkommandant rief den Bahnhof Treblinka an, und ein aus sechzig Waggons bestehender, von SS bewachter Zug setzte sich auf dem Reservegleis in Bewegung und kroch über den schmalen, zwischen zwei Kiefernreihen verlaufenden Schienenstrang.

Die riesenhaften Bagger arbeiteten, rumorten, wühlten Tag und Nacht neue Gräben auf, viele hundert Meter lange, viele dunkle Meter tiefe Gräben. Und die Gräben standen offen. Sie warteten. Nicht lange.

II

Ende des Winters 1942/43 kam Himmler mit einer Gruppe höherer Gestapobeamter nach Treblinka. Himmler landete mit seiner Begleitung in einem Flugzeug im Gebiet des Lagers, dann fuhr die Gesellschaft in zwei Autos durch die Haupttore. Die meisten Besucher waren in Uniform, aber einige, wahrscheinlich die Experten, trugen Zivilkleidung, Pelzmäntel und Hüte. Himmler inspizierte das Lager, und einer von jenen, die ihn damals sahen, erzählte uns, wie der Minister des Todes an einen der riesenhaften Gräben herantrat und ihn lange schweigend betrachtete. Seine Begleiter standen etwas abseits und warteten, solange Heinrich Himmler auf das kolossale, schon zur Hälfte mit Leichen gefüllte Grab blickte. Treblinka war die größte Fabrik in Himmlers Konzern. Am gleichen Tag flog das Flugzeug des

Reichsführers-SS wieder ab. Als Himmler Treblinka verließ, gab er der Lagerleitung einen Befehl, über den alle bestürzt waren – sowohl der Hauptsturmführer Baron von Pfein als auch sein Stellvertreter Korol und der Hauptmann Franz: unverzüglich die Leichen auszugraben und alle bis zur letzten zu verbrennen, Asche und Verbrennungsrückstände aus dem Lager zu schaffen, auf Felder und Wege zu streuen. Da sich bereits Millionen Leichen unter der Erde befanden, schien diese Aufgabe ungewöhnlich schwierig und anstrengend. Außerdem war befohlen worden, die neuen Vergasten nicht mehr zu verscharren, sondern sogleich zu verbrennen. Was hatte Himmlers Inspektionsreise und seinen persönlichen kategorischen Befehl veranlaßt? Es gab nur einen Grund – den Sieg der Roten Armee bei Stalingrad. Der russische Schlag an der Wolga muß offenbar von zerschmetternder Wucht gewesen sein, wenn man einige Tage später in Berlin zum erstenmal über Verantwortung, Vergeltung, Heimzahlung nachdachte, wenn Himmler selbst nach Treblinka flog und persönlich befahl, die Spuren der sechzig Kilometer vor Warschau vollbrachten Verbrechen schleunigst zu tilgen. Solch ein Echo hat der mächtige, gegen die Deutschen an der Wolga geführte Schlag der Russen hervorgerufen.

Anfangs wollte die Verbrennung der Leichen durchaus nicht klappen – die Leichen gerieten nicht richtig in Brand; es wurde allerdings beobachtet, daß die Frauenkörper leichter brannten. Eine Unmenge kostspieliges Benzin und Öl wurde zum Anfachen der Leichen verschleudert, aber das Ergebnis war kläglich. Es schien, als ob die Angelegenheit in eine Sackgasse geraten wäre. Aber aus Deutschland kam von der SS ein stämmiger Fünfzigjähriger, ein Fachmann und Meister. Was für vielseitige Meister das Hitlerregime doch hervorgebracht hat – Spezialisten im Mord an kleinen Kindern, Meister des Würgens und im Bau von Gaskammern wie in der wissenschaftlichen organisierten Zerstörung großer Städte im Verlauf eines Tages! So fand sich auch ein Spezialist für das Ausgraben und Verbrennen von Millionen menschlicher Leichen.

Unter seiner Leitung begann man Öfen zu bauen. Es war ein ganz besonderer Typ, eine Mischung von Scheiterhaufen und Ofen. Weder das Lubliner noch irgendein anderes Krematorium unter den größten der Welt wäre imstande gewesen, diese gigantische Menge von Körpern in solch kurzer Frist zu verbrennen. Der Bagger hob einen Kesselgraben aus, der zweihundertfünfzig bis dreihundert Meter lang, zwanzig bis fünfundzwanzig Meter breit und sechs Meter tief war. Auf dem Boden des Grabens wurden in seiner ganzen Länge drei Reihen voneinander gleichmäßig entfernter, hundert bis hundertzwanzig Zentimeter aus dem Grund hervorragender Eisenbetonpfosten errichtet. Diese Pfosten trugen stählerne, den ganzen Graben durchlaufende Balken. Quer über diese Balken wurden in fünf bis sieben Zentimeter Abstand Schienen gelegt. Auf solche Art entstand der gigantische Rost eines zyklopischen Ofens. Man legte eine neue Feldbahn, die von den Massengräbern zu dem Ofengraben führte. Bald wurde ein zweiter und danach ein dritter Ofen von gleichem Ausmaß errichtet. Jeden Ofenrost belud man gleichzeitig mit dreitausendfünfhundert bis viertausend Leichen.

Ein zweiter Baggerkoloß traf ein, kurz darauf ein dritter. Es wurde Tag und Nacht gearbeitet. Leute, die an der Leichenverbrennung teilgenommen haben, erzählen, daß diese Öfen gigantischen Vulkanen glichen, deren schreckliche Hitze das Gesicht der Arbeiter versengte, und daß die Flammen acht bis zehn Meter hoch schlugen. Dichte schwarze, fette Rauchsäulen stiegen zum Himmel empor und hingen als schwerer, regungsloser Vorhang in der Luft. Noch in dreißig und vierzig Kilometer Entfernung sahen die Bewohner der umliegenden Dörfer nachts diese Flamme, die über die Spitzen der das Lager umziehenden Kiefernwälder emporstieg. Der ganze Kreis war vom Geruch des verbrannten Menschenfleisches verpestet. Wenn der Wind in der Richtung des drei Kilometer entfernten polnischen Lagers wehte, verschlug der grauenhafte Gestank den Leuten dort den Atem. Bei der Leichenverbrennung waren achthundert Gefangene tätig, – eine Arbeiterzahl, die bei weitem die Belegschaft der Hoch- oder Martinofen-Abteilung eines beliebigen Großbetriebs der Hüttenindustrie übertrifft. Acht Monate lang arbeiteten diese ungeheuerlichen Öfen von Treblinka pausenlos Tag und Nacht und konnten trotzdem mit den Millionen Menschenleibern nicht fertig werden. Allerdings trafen die ganze Zeit neue Partien zur Vergasung ein, und auch das belastete die Öfen.

Transporte aus Bulgarien kamen an. Die SS und die Wachtmannschaften freuten sich über ihr Eintreffen; denn die von den Deutschen und der damaligen faschistischen bulgarischen Regierung betrogenen, ahnungslosen Leute brachten eine Menge wertvoller Dinge mit, viele Leckerbissen und Weißbrot. Danach liefen Züge aus Grodno und Bjelostok ein, später aus dem aufständischen Warschauer Getto, ein Transport aufrührerischer polnischer Bauern, Arbeiter und Soldaten folgte. Eine Partie bessarabischer Zigeuner kam an, etwa zweihundert Männer und achthundert Frauen und Kinder. Die Zigeuner kamen zu Fuß, hinter ihnen zogen ihre mit Pferden bespannten Fuhrwerke; auch sie waren betrogen worden, und diese tausend Menschen hatten nur zwei Aufseher mit, die ebensowenig ahnten, daß sie die Leute in den Tod trieben. Man erzählt, daß die Zigeunerinnen bis zur letzten Minute nicht errieten, welches Schicksal ihnen bevorstand, und begeistert in die Hände klatschten, als sie das schöne Vergasungsgebäude sahen. Das ergötzte die Deutschen ganz besonders. Mit den aus dem aufständischen Getto Eingelieferten trieb die SS ein grausiges Spiel. Aus dieser Gruppe wurden Frauen und Kinder abgetrennt und nicht zu den Gaskammern, sondern dorthin geführt, wo man die Leichen verbrannte. Die vor Entsetzen in Wahnsinn verfallenden Mütter mußten ihre Kinder an die glühenden Ofenroste führen, auf denen sich Tausende toter Körper in Flammen und Rauch krümmten, auf denen die Leichen sich bäumten und verkrampften, als lebten sie wieder auf, den schwangeren toten Frauen von der Hitze der Leib geplatzt war und die vor ihrer Geburt gemordeten Kinder im aufgerissenen Mutterleib brannten. Selbst den abgehärtetsten Menschen hätte dieser Anblick um den Verstand gebracht, und die Deutschen hatten richtig berechnet, daß er noch hundertfach stärker auf Mütter wirken mußte, wenn ihre verstörten Kinder, sich an sie anklammernd, schrien: „Mama, was geschieht mit uns, wirft man uns ins Feuer?!" – während die Mütter ihnen die Augen zuzuhalten versuchten. Solche Bilder hat Dante in seiner Hölle nie erblickt.

Nachdem die Deutschen sich am Entsetzen ihrer Opfer genugsam geweidet hatten, verbrannten sie die Kinder tatsächlich.

Es ist unendlich schwer, davon auch nur zu lesen. Möge der Leser nur glauben – es ist nicht weniger schwer, darüber zu schreiben. Vielleicht fragt irgendwer: „Wozu schreibt, wozu erinnert man an all das?"

Von einer furchtbaren Wahrheit zu berichten, ist die Pflicht des Schriftstellers, und die Bürgerpflicht des Lesers ist es, sie zu erfahren. Jeder, der sich abwendet, die Augen schließt und vorbeigeht, verletzt das Andenken der Gemordeten. Wer die ganze Wahrheit nicht kennt, kann nie begreifen, gegen welchen Feind, gegen welches Ungeheuer unsere große, heilige Rote Armee den Kampf auf Leben und Tod aufnahm.

Auch das „Lazarett" bekam seine Neueinrichtung. Früher wurden die Kranken hinter den von Zweigen abgeschirmten Raum gebracht, wo der fingierte „Arzt" sie empfing und tötete. Die Leichen der Alten und Kranken schaffte man auf Tragbahren zu den Massengräbern. Jetzt wurde ein runder Kesselgraben ausgehoben. Um diesen Krater herum stellte man, wie in der Rundung eines Stadions, niedrige Bänke auf, die dem Grabenrand so nahe lagen, daß der auf der Bank Sitzende sich unmittelbar über der Öffnung befand. Am Boden des Kessels befanden sich Roste, auf denen die Leichen verbrannten. Kranke und gebrechliche Greise wurden in das „Lazarett" gebracht, danach von „Sanitätern" zu den Bänken begleitet und so gesetzt, daß ihr Antlitz dem Scheiterhaufen aus Menschenleibern zugewandt war. Belustigt zuschauend, schössen die Kannibalen auf die ergrauten Nacken und gebeugten Rücken der Sitzenden: die Toten und Verwundeten stürzten auf den Scheiterhaufen.

Wir kannten den schwerfälligen deutschen Humor und haben ihn nie sehr hoch geschätzt. Aber welches irdische Wesen hätte sich je ausmalen können, was es in Treblinka an SS-Humor, SS-Vergnügungen, SS-Späßen gab?

Sie veranstalteten Fußballmatchs der Todgeweihten, zwangen sie „Fangen“ zu spielen und organisierten einen Chor der Opfer. Bei dem deutschen Gemeinschaftshaus stand ein Raubtierkäfig, hinter den Gittern hielt man Wölfe und Füchse, die harmlosesten Raubtiere des Waldes, und die schrecklichsten schweineähnlichen Bestien, die der Erdboden jemals getragen, befanden sich in Freiheit, saßen auf Birkenholzbänken und hörten sich Musik an. Sogar eine eigene Hymne, „Treblinka“, war für die Todeskandidaten verfaßt worden, in ihr hieß es:

„Für uns gibt's heute nur Treblinka,
Das unser Schicksal ist.“[36]

Blutüberströmte Menschen mußten wenige Minuten vor dem Tod idiotische, sentimentale deutsche Lieder üben:

„Ich brach das Blümelein
Und schenkte es dem schönsten,
Geliebten Mägdelein…“[37]

Der Oberkommandant des Lagers holte sich aus einer Partie mehrere Kinder heraus, deren Eltern er hatte ermorden lassen, zog ihnen die besten Kleider an, fütterte sie mit Leckereien, spielte mit ihnen und befahl ein paar Tage später, als ihm diese Unterhaltung langweilig geworden war, die Kinder zu töten.

Einer der Hauptspäße war die Vergewaltigung und Verhöhnung schöner junger Frauen und Mädchen, die aus jeder Partie der Todgeweihten ausgesucht wurden. Am Morgen brachten die Vergewaltiger ihre Opfer selbst zur Gaskammer. So amüsierten sich in Treblinka die SS-Leute, die Stützen des Hitlerregimes und der Stolz des faschistischen Deutschlands.

Hier ist zu bemerken, daß diese Subjekte keineswegs mechanisch einen fremden Willen vollstreckten. Sämtliche Zeugen heben den allen gemeinsamen Hang zu theoretischen Erwägungen und philosophischen Betrachtungen hervor. Alle neigten dazu, vor den Todgeweihten Reden zu halten, vor ihnen zu prahlen, ihnen auseinanderzusetzen, welchen hohen Sinn und welche Bedeutung für die Zukunft das habe, was in Treblinka geschah. Sie waren alle aufrichtig und zutiefst überzeugt, daß sie ein berechtigtes, notwendiges Werk vollbringen. Ausführlich erklärten sie die Überlegenheit ihrer Rasse über alle anderen, ergingen sich in Tiraden über das deutsche Blut, den deutschen Charakter, die deutsche Mission. Ihr Glaube war in den Büchern von Hitler und Rosenberg, in den Broschüren und Artikeln von Goebbels niedergelegt.

Nachdem die Henker auf die beschriebene Art ihre Arbeit getan und sich unterhalten hatten, schliefen sie den von keinem Traumbild, keinem Alpdruck gestörten Schlaf der Gerechten. Nie wurden sie von Gewissensbissen gequält, schon darum nicht, weil keiner von ihnen ein Gewissen hatte.

Sie trieben Sport, wachten eifrig über ihre Gesundheit, tranken morgens Milch, kümmerten sich sehr um ihre alltäglichen Bequemlichkeiten, legten Gärtchen und üppige Blumenbeete vor ihren Wohnungen an, bauten sich Gartenlauben. Häufig, einigemal im Jahr, fuhren sie auf Heimaturlaub nach Deutschland, da die Führung ihre »Arbeit« als gesundheitsschädlich ansah und ihr Wohlergehen mit großer Sorgfalt überwachte. Daheim gingen sie mit stolz erhobenem Kopf herum und verschwiegen ihre Tätigkeit, nicht, weil sie sich ihrer schämten, sondern weil die Disziplin es vorschrieb und man die schriftliche Verpflichtung und den feierlich geleisteten Eid nicht zu brechen wagte. Und wenn sie abends Arm in Arm mit ihren Frauen ins Kino gingen, laut lachten und mit den eisenbeschlagenen Stiefeln polterten, waren sie schwer von den Durchschnittsdeutschen zu unterscheiden. Aber im umfassendsten Sinn des Wortes waren sie Bestien — SS-Bestien.

Der Sommer 1943 war in der Gegend von Treblinka ungewöhnlich heiß. Viele Wochen lang gab es keinen Regen, keine Wolke, keinen Wind. Die Leichenverbrennung war in vollem Gange. Schon seit etwa sechs Monaten rauchten die Öfen Tag und Nacht, aber es war erst wenig mehr als die Hälfte der Ermordeten verbrannt.

Unter den Gefangenen, die bei der Leichenverbrennung arbeiteten und die entsetzlichen moralischen und körperlichen Qualen nicht aushalten konnten, endeten täglich fünfzehn bis zwanzig Menschen durch Selbstmord. Viele suchten den Tod durch absichtliche Verletzung der Disziplinarordnung.

„Eine Kugel zu bekommen, war Luxus", sagte mir ein Bäcker aus Kossuw,[38] der aus dem Lager entflohen war. Die Leute erklärten, daß es viel schrecklicher gewesen sei, in Treblinka zum Leben verdammt zu werden als zum Sterben.

Schlacke und Asche wurden aus dem Lager hinausbefördert. Die von den Deutschen mobilisierten Bauern des Dorfes Wulka luden Asche und Schlacke auf Fuhrwerke und schütteten sie auf die Straße, die am Todeslager vorbei zu dem polnischen Straflager führte. Gefangene Kinder verteilten mit Spaten die Asche gleichmäßig über den Weg. Manchmal fanden sie in der Asche geschmolzene Goldstücke, geschmolzene Goldkronen. Man nannte diese Kinder „Die Kinder vom schwarzen Weg". Denn die Straße war durch die Asche schwarz geworden wie ein Trauerflor. Die Autoräder verursachten auf ihr ein sonderbares Knistern, und als ich über sie fuhr, hörte ich die ganze Zeit unter den Rädern ein trauriges leises Säuseln, wie schüchternes Klagen.

Die Bauern führten vom Frühling 1943 bis Sommer 1944 Asche und Schlacke fort. Täglich traten zwanzig Fuhrwerke zur Arbeit an, jedes von ihnen wurde sechs-bis achtmal am Tag mit zwei bis zweieinhalb Zentner Asche und Schlacke beladen.

In dem Lied „Treblinka", das die Deutschen die achthundert bei der Leichenverbrennung arbeitenden Menschen zu singen zwangen, gibt es Worte, in denen die Gefangenen zu Unterwürfigkeit und Gehorsam aufgefordert werden; dafür wird ihnen ein „kleines, kleines Glück, das in einer einzigen Minute vorbeihuscht", verhießen. Und, so erstaunlich dies sein mag, in der Hölle von Treblinka brach wirklich ein glücklicher Tag an. Die Deutschen hatten sich jedoch geirrt. Nicht Unterwürfigkeit und Gehorsam waren es, die den Todeskandidaten von Treblinka diesen Tag schenkten. Tollkühnes Wagen hat ihn geboren. Zu verlieren hatten die Unglücklichen ja nichts. Alle waren dem Tod ausgeliefert, jeder Tag ihres Lebens war Leid und Qual. Keinen von ihnen, den Zeugen furchtbarer Verbrechen, hätten die Deutschen geschont, alle erwartete die Gaskammer; ja, man schickte sie schon nach ein paar Arbeitstagen dorthin, Neuankömmlinge aus den fälligen Partien ersetzten sie. Nur ein paar Dutzend Menschen lebten statt Tage und Stunden Wochen und Monate – qualifizierte Meister, Zimmerer, Maurer und das Bedienungspersonal der Deutschen – Bäcker, Schneider, Friseure. Sie waren es, die das Komitee für den Aufstand schufen. Natürlich konnten nur todgeweihte Menschen, die von grimmigstem Rachedurst und alles verzehrendem Haß erfüllt waren, einen so wahnsinnigen Aufstandsplan machen. Bevor Treblinka nicht vernichtet war, wollten sie nicht fliehen. Und sie vernichteten es. In den Arbeiterbaracken tauchten Waffen auf: Beile, Messer, Knüttel. Um welchen Preis, durch welch tollkühnes Wagen hatte man sich jede einzelne Axt und jedes Messer verschaffen müssen! Welch bewundernswerte Geduld, welche List und Geschicklichkeit war nötig, um alles vor Durchsuchungen zu sichern und in der Baracke zu verbergen! Es wurden Benzinvorräte angelegt, um die Lagerbauten zu übergießen und niederzubrennen. Wie wurde dieses Benzin gesammelt, und wie konnte es so spurlos verschwinden, als ob es verdunstet wäre? Dazu waren übermenschliche Anstrengungen, höchste Anspannung des Verstandes, des Willens, unerhörte Kühnheit der Gefangenen notwendig. Schließlich trieben sie unter die deutsche Arsenalbaracke einen großen Stollen. Auch hier half den Leuten ihre Verwegenheit; die Göttin der Tapferen stand ihnen bei. Zwanzig Handgranaten, ein Maschinengewehr, Karabiner und Pistolen wurden aus dem Arsenal entwendet. Alles verschwand in den Verstecken, die die Verschwörer gegraben hatten. Die Teilnehmer des Komplotts hatten sich in Fünfergruppen gegliedert. Sie hatten den umfangreichen komplizierten Plan des Aufstands bis in alle Einzelheiten ausgearbeitet. Jede Fünfergruppe hatte ihre genaue Aufgabe. Und jede der mathematisch exakten Aufgaben war Wahnsinn. Die einen mußten die Türme stürmen, auf denen die Wachen mit ihren Maschinengewehren saßen, die andern plötzlich die Posten an den Durchgängen zwischen den Lagerplätzen überfallen, die dritten Panzerautos angreifen, die vierten die Telephonleitung durchschneiden, die fünften auf die Kaserne losgehen, die sechsten Durchgänge durch den Stacheldraht schaffen, die siebenten eine Brücke über den Panzergraben bauen, die achten hatten die Lagerbauten mit Benzin zu begießen und in Brand zu stecken, die neunten alles zu zerstören, was leicht zu vernichten war.

Sogar die Versorgung der Flüchtlinge mit Geld war vorgesehen. Beinahe hätte ein Warschauer Arzt, der die Gelder sammelte, das ganze Unternehmen gefährdet. Einmal bemerkte der Scharführer, daß aus der Hosentasche des Arztes ein dickes Banknotenbündel heraussah – es war der fällige, aus der „Kassa" entwendete Betrag, den der Doktor im Versteck unterbringen wollte. Der Scharführer tat so, als ob er nichts gesehen hätte, und berichtete die Sache sofort Kurt Franz persönlich. Das war selbstverständlich ein ungewöhnliches Ereignis. Franz nahm sich den Arzt persönlich vor. Er vermutete sofort eine üble Sache, wozu sollte ein Todgeweihter noch Geld brauchen? Franz begann das Verhör selbstsicher und ohne Eile, es gab ja kaum einen Menschen auf der Welt, der sich so aufs Foltern verstand wie er. Aber der Warschauer Arzt überlistete den SS-Hauptmann. Er nahm Gift. Einer der Teilnehmer des Aufstandes erzählte mir, daß man sich noch nie in Treblinka mit solchem Eifer bemüht hatte, ein menschliches Leben zu retten. Offensichtlich hatte Franz gespürt, daß der sterbende

Arzt ein wichtiges Geheimnis mit sich nahm. Aber deutsches Gift wirkt zuverlässig, und das Geheimnis blieb gewahrt.

Ende Juli würde die Hitze erstickend. Wenn man die Gräber öffnete, wallte wie aus gigantischen Kesseln Dampf auf. Der furchtbare Gestank und die Hitze der Öfen tötete die ausgemergelten Leute, sie brachen beim Heranzerren der Toten selbst tot zusammen und fielen auf die Ofenroste. Milliarden schwerfälliger, überfressener Fliegen krochen auf der Erde herum, surrten in der Luft. Die letzten hunderttausend Leichen wurden verbrannt.

Der Aufstand war auf den 2. August festgesetzt. Ein Revolverschuß gab das Signal. Die Fahne des Erfolges wehte über der heiligen Sache. Eine neue Flamme stieg in den Himmel, aber nicht der schwarze, fettqualmende Rauch, das Züngeln brennender Leichen, sondern helles, heißes, ungestümes Lodern. Die Lagerbauten brannten, und den Aufständischen schien es, selbst die Sonne sei in Stücke gesprungen und brenne über Treblinka, um den Festtag der Freiheit und Ehre zu feiern.

Schüsse knallten regellos, die Maschinengewehre tackten von den Türmen, die von Aufständischen besetzt waren. Die Explosionen der Handgranaten klangen triumphierend wie Glockenschläge der Wahrheit. Die Luft erzitterte von dem Krachen und Prasseln, die Bauten stürzten zusammen, das Pfeifen der Kugeln übertönte das Surren der Aasfliegen. In der klaren reinen Luft flimmerten die blutgeröteten Äxte. Am 2. August trank die Erde der Hölle von Treblinka das schwarze Blut der SS, und der lichtstrahlende blaue Himmel triumphierte und feierte die Stunde der Vergeltung. Und eine uralte Geschichte wiederholte sich: sobald es zur wirklichen tödlichen Auseinandersetzung kam, erwiesen sich die Kreaturen, die sich als Vertreter einer höheren Rasse aufspielten, die mit Donnerstimme „Achtung, Mützen ab!" gebrüllt hatten, als verächtliche Feiglinge, als elende, um Gnade winselnde Kriecher. Die gleichen Geschöpfe, die mit der markerschütternden, schneidenden Stimme von Herrschern „Alle r—r—r—r—aus!" die Warschauer aus ihren Häusern zur Hinrichtung gerufen und sich so sicher in ihrer Macht gefühlt hatten, als es um das Abschlachten von Millionen Frauen und Kindern ging, sie verloren jetzt den Kopf, rannten herum wie Ratten, vergaßen das teuflisch ausgedachte Treblinkaer Verteidigungssystem. Aber muß man das überhaupt erwähnen, und ist das vielleicht verwunderlich?

Zweieinhalb Monate später, am 14. Oktober 1943, brach der Aufstand in der Todesfabrik von Sabibur aus, den ein sowjetischer Kriegsgefangener, ein Offizier namens Saschko Petscherskij aus Rostow, organisiert hatte. Dort wiederholte sich das gleiche wie in Treblinka – die vor Hunger halbtoten Leute brachten es fertig, mit Hunderten von SS-Schuften, die sich mit schuldlos vergossenem Blut besudelt hatten, abzurechnen. Selbstgefertigte, in den Lagerschmieden gehämmerte Äxte halfen ihnen, die Wachtmannschaft zu erledigen, viele benutzten feinen Sand als Waffe, den sie auf Anweisung Saschkos rechtzeitig in ihre Taschen gesteckt hatten, um damit die Posten zu blenden… Aber ist das verwunderlich?

Als Treblinka in Flammen stand und die Aufständischen, von der Asche des Volkes schweigend Abschied nehmend, das von Drahtverhauen umgebene Lager verließen, rückten von allen Seiten SS- und Polizeitruppen an, um die Flüchtlinge zu verfolgen. Hunderte von Polizeihunden wurden auf ihre Spur gehetzt. Die Deutschen setzten ihre Luftwaffe ein. In Wäldern und Sümpfen wurde gekämpft, und nur wenige Teilnehmer des Aufstandes sind jetzt noch unter den Lebenden.

Vom 2. August an existierte Treblinka nicht mehr. Die Deutschen verbrannten den Rest der Leichen, brachen die steinernen Bauten ab, entfernten den Stacheldraht und zündeten die Überbleibsel der von den Aufständischen nicht völlig niedergebrannten Holzbaracken an. Das Gebäude, das die Gaskammern enthielt, wurde gesprengt, seine Einrichtung verladen und weggeschickt, die Öfen wurden zerstört, die Bagger abtransportiert, die riesenhaften, zahllosen Gräben zugeschüttet, das Bahnhofsgebäude bis zum letzten Stein abgetragen und zum Schluß die Bahngleise abmontiert, die Schwellen fortgebracht. Auf dem Territorium des Lagers wurden Wolfsbohnen ausgesät, der Ansiedler Streben baute sich ein Häuschen. Jetzt ist auch dieses Häuschen verschwunden, es ist verbrannt. Was wollten die Deutschen mit all dem erreichen? Die Spuren des Mords verwischen, der an Millionen Menschen in der Hölle von Treblinka begangen wurde? Aber war das denn möglich? War es möglich, Tausende von Zeugen zum Schweigen zu zwingen, die gesehen hatten, wie die Transporte der Todeskandidaten aus ganz Europa zu der Stätte der Fließbandhinrichtungen fuhren? War es möglich, die schwere Todesflamme und jenen Rauch geheimzuhalten, die acht Monate lang zum Himmel emporschlugen, Tage und Nächte lang den Einwohnern Dutzender von Dörfern und Ortschaften sichtbar gewesen sind? War es möglich, den dreizehn Monate anhaltenden, entsetzlichen Schrei der Frauen und Kinder aus dem Gedächtnis zu reißen, sein Vergessen zu erzwingen, obwohl er bis zum heutigen Tag den Bauern des Dorfes Wulka in den Ohren gellt? War es möglich, die Bauern zum Verstummen zu bringen, die ein Jahr hindurch Menschenasche aus dem Lager zu den Straßen der Umgebung gefahren hatten? War es möglich, den überlebenden Zeugen der Mordpraxis von Treblinka den Mund zu verschließen, jenen Zeugen, die genauestens und übereinstimmend alle Schandtaten jedes einzelnen SS- und Wachtmanns vom ersten bis zum letzten Tage des Bestehens des Henkerplatzes (nämlich bis zum 2. August 1943) zu schildern und – Stunde um Stunde – ein Tagebuch von Treblinka wiederherzustellen wissen. Schon kann man sie nicht mehr anbrüllen: „Mützen ab!“, sie nicht zur Gaskammer schleppen. Und schon hat Himmler keine Macht mehr über seine Gehilfen, die mit tief gesenktem Kopf, zitternden, am Jackettrand zupfenden Fingern und dumpfer, gleichmäßiger Stimme die Geschichte ihrer wie Wahnsinn und Fieberphantasien wirkenden Verbrechen erzählen. Ein Sowjetoffizier, der das hellgrüne Medaillenband der Schlacht um Stalingrad trägt, füllt Bogen auf Bogen mit den Aussagen der Mörder. Und an der Tür steht der Posten, seine Lippen sind zusammengepreßt, auf seiner Brust glänzt die gleiche Stalingrader Medaille, und ein strenger Zug liegt in seinem mageren, wettergebräunten Gesicht. Es ist das Antlitz des Volksgerichts. Ist es nicht wahrhaft ein Symbol, daß eine der siegreichen Stalingrader Armeen nach Treblinka, in die Gegend von Warschau, gekommen ist? Nicht ohne Grund geriet Heinrich Himmler im Februar 1943 in unruhevolle Bewegung, nicht ohne Grund flog er nach Treblinka und befahl, Öfen zu bauen, die Indizien zu verbrennen, die Spuren auszutilgen. Und doch: er hat sich umsonst bemüht! Die Stalingrader sind nach Treblinka gekommen, der Weg von der Wolga bis zur Weichsel erwies sich als kurz. Und nun will selbst die Erde von Treblinka kein Teil an den von Missetätern begangenen Verbrechen haben, sie befreit sich von den Knochen und Sachen der Gemordeten, die die Hitlerleute in ihrem Schöße verbergen wollten.

*

Wir kamen Anfang September in das Lager von Treblinka, d. h. dreizehn Monate nach dem Tag des Aufstandes. Dreizehn Monate lang war die Hinrichtungsstätte in Betrieb gewesen. Dreizehn Monate lang hatten die Deutschen versucht, die Spuren ihrer Arbeit zu verwischen.

Stille. Die Kronen der neben dem Gleis stehenden Kiefern bewegen sich kaum. Millionen menschlicher Augen haben auf diese Kiefern, diesen Sand, diesen alten Baumstumpf dort aus den langsam an den Bahnsteig heranfahrenden Waggons geschaut. Leise knistert die Asche und die körnige Schlacke auf der schwarzen Straße, die mit deutscher Genauigkeit von weißgefärbten Steinen eingefaßt ist. Wir betreten das Lager, wir gehen über die Erde von Treblinka. Die Schoten der Wolfsbohnen platzen bei der leisesten Berührung, sie zerspringen mit einem leisen Klang; Millionen Kerne ergießen sich auf die Erde. Das Rascheln der herausfallenden Kerne, das Tönen der platzenden Schoten verschmilzt zu einer wehmütigen leisen Melodie. Es scheint, als ob aus der

Tiefe der Erde das traurige, weitreichende, ruhevolle Grabgeläute kleiner, kaum vernehmbarer Glocken hervordringe. Und die unter den Füßen nachgebende Erde ist aufgequollen und fett, als sei sie überreichlich mit Leinöl getränkt worden, die grundlose Erde von Treblinka wogt wie ein abgrundtiefes Meer. Diese drahtumzäunte Einöde hat mehr Menschenleben verschlungen als sämtliche Ozeane und Meere des Erdballs seit Bestehen des Menschengeschlechts.

Die Erde speit Knochensplitter aus, Zähne, Sachen, Papiere, sie will das Geheimnis nicht bewahren.

Und die Sachen kriechen aus der berstenden Erde, aus ihren unvernarbten Wunden. Da sind sie – die halbvermoderten Hemden der Ermordeten, Hosen, Schuhe, grün angelaufene Zigarettenetuis, Uhrrädchen, Federmesser, Rasierpinsel, Leuchter, Kinderschuhchen mit roten Pompons, bestickte ukrainische Handtücher, Spitzenwäsche, Scheren, Fingerhüte, Korsetts, Bandagen und ganze Haufen von Geschirr klettern aus den Erdspalten an die Oberfläche: Pfannen, Aluminiumbecher, Tassen, Kochtöpfe, Töpfchen, Schüsseln, Kannen, Essenträger, kleine Kindertassen aus Galalith…

Und als ob eine Hand aus der grundlosen, aufgeblähten Erde das von den Deutschen Vergrabene ans Licht stoße, dringen halbvermoderte Sowjetpässe nach oben, Notizbüchlein in bulgarischer Sprache, Photos von Kindern aus Warschau und Wien, Briefe mit kindlichen Kritzeleien, ein Gedichtbändchen, ein auf vergilbtes Papier geschriebenes Gebet, Lebensmittelkarten aus Deutschland… Und überall Hunderte von Flakons, winzige, geschliffene, grüne, rosa, blaue Parfümfläschchen… Und über allem ein fürchterlicher Verwesungsgeruch, weder das Feuer noch die Sonne, weder Regen, Schnee noch Wind konnten ihn vertreiben. Und Hunderte von kleinen Waldfliegen kriechen über die verfaulenden Sachen, Papiere, Photographien.

Immer weiter gehen wir über die grundlose, schwammige Erde von Treblinka und bleiben plötzlich stehen. Gelbe, kupferrote wellige, dichte Haare, feine, wunderbar zarte Mädchenhaare sind in die Erde getreten, und daneben liegen helle Locken und etwas weiter auf dem leuchtenden Sand schwarze, schwere Zöpfe, und da sind noch welche und wieder andere! Offenbar ist das der Inhalt eines einzigen – nur eines einzigen! – nicht abgesandten, vergessenen Haarsacks. Also ist doch alles wahr! Die letzte wilde Hoffnung zerbricht, alles sei nur ein Traum. Und die platzenden Hülsen der Wolfsbohnen klingeln, klingeln, die Kerne rascheln, als ob wirklich aus der Tiefe das Grabgeläut unzähliger kleiner Glocken töne. Und es scheint, als höre das Herz gleich zu schlagen auf, Trauer, Bitterkeit und Schwermut verkrampfen es, wie sie der Mensch nicht zu ertragen vermag.

Gelehrte, Soziologen, Kriminalisten, Psychiater, Philosophen grübeln: was ist das nur? Sind es organische Züge, ist es Vererbung, Erziehung, das Milieu, sind es äußere Umstände, war es geschichtliche Vorherbestimmung, der verbrecherische Wille der Führer? Was ist es nur? Wie konnte es geschehen? In den Äußerungen zweitrangiger professoraler Scharlatane und dürftiger Provinztheoretiker aus dem Deutschland der vergangenen Jahrhunderte wirkten die embryonalen Züge des Rassenwahns komisch, und die Verachtung, mit welcher der deutsche Spießer auf das „russische Schwein", das „polnische Vieh" und „nach Knoblauch stinkende Juden", den „geilen Franzosen", den „englischen Krämer", den „griechischen Fatzken" und den „tschechischen Dummerjan" herabsah, diese ganze schwülstige, billige Dutzendware von der Überlegenheit der Deutschen über alle übrigen Völker der Erde wurde von Publizisten und satirischen Schriftstellern seinerzeit nur gutmütig verspottet, bis sich das alles im Verlauf weniger Jahre plötzlich aus „Kindereien" in eine tödliche Bedrohung der Menschheit, ihres Lebens und ihrer Freiheit verwandelte, bis all das zur Quelle der unglaublichsten, nie gesehenen blutigen Leiden und Verbrechen wurde. Darüber muß man sich Gedanken machen!

Grauenhaft sind Kriege wie der gegenwärtige. Ungeheure Mengen schuldloses Blut haben die Deutschen vergossen. Aber es genügt heute nicht, wenn man von der Verantwortung Deutschlands spricht. Heute muß man über die Verantwortung aller Völker und jedes Bürgers der Welt für die Zukunft sprechen.

Jeder Mensch ist heute vor seinem Gewissen verpflichtet, vor seinem Sohn und seiner Mutter, vor dem Vaterland und der Menschheit mit der ganzen Kraft seiner Seele und Vernunft auf die Frage zu antworten: was hat den faschistischen Rassenwahn hervorgebracht, was muß geschehen, damit der Nazismus, der Hitlerismus, niemals wieder, weder auf dieser, noch auf der andern Seite des Ozeans auferstehen kann, nie wieder, bis in alle Ewigkeit.

Die imperialistische Idee der nationalen, rassenmäßigen oder irgendeiner anderen Sonderstellung hat die Hitlerleute logisch zur Errichtung von Maidanek, Sabibur, Belschiza, Oswienzim, Treblinka geführt.

Wir müssen eingedenk sein, daß der Rassenwahn, der Faschismus aus diesem Krieg nicht nur den bitteren Geschmack der Niederlage davonträgt, sondern auch die süße Erinnerung, wie leicht der Massenmord gelingt.

Tag für Tag muß jeder daran denken, dem Ehre und Freiheit, das Leben aller Völker, der ganzen Menschheit teuer ist.

Irina Scherbakowa

Nachbemerkungen zum Werk Wassili Grossmans

> *„Wir kamen Anfang September in das Lager von Treblinka, d. h. dreizehn Monate nach dem Tag des Aufstandes. Dreizehn Monate lang war die Hinrichtungsstätte in Betrieb gewesen. Dreizehn Monate lang hatten die Deutschen versucht, die Spuren ihrer Arbeit zu verwischen. Stille. [...] Wir betreten das Lager, wir gehen über die Erde von Treblinka. [...] Und die unter den Füßen nachgebende Erde ist aufgequollen und fett, als sei sie überreichlich mit Leinöl getränkt worden, die grundlose Erde von Treblinka wogt wie ein abgrundtiefes Meer“,*[1]

schrieb Wassili Grossman in seinem Essay *Die Hölle von Treblinka*, der lange Zeit für das sowjetische Publikum und vor allem für die sowjetischen Juden die wichtigste und fast die einzige Beschreibung eines der zentralsten Orte des Massenmordes an den Juden blieb.

In seinen Notizbüchern[2] allerdings, die Grossman noch während des ‚Großen Vaterländischen Krieges‘ führte, wird Treblinka nur mit einigen Zeilen erwähnt: „Treblinka in der Nähe von Warschau. Vernichtungslager für Juden. Unter dem Bad war eine Zelle mit den beweglichen Messern. Die Leichen wurden zerstückelt und danach verbrannt. Aschenberge 20-25 Meter hoch. An einem Ort wurden die Juden in einen Teich gejagt, der mit Säure gefüllt war. Die Schreie waren so laut, dass die Bauern in der Nachbarschaft ihre Häuser ver-

1 Siehe Seite 73 im vorliegenden Band.
2 Antony Beevor (Hg.), A Writer at War. A Soviet Journalist with the Red Army, 1941–1945, New York 2013.

lassen mussten."[3] Grossman, schon vor dem Krieg ein bekannter und gefeierter Autor, fertigte diese Notizen als sowjetischer Frontberichterstatter an. Seit den ersten Kriegstagen war er stets an den dramatischsten Orten des ‚Vaterländischen Krieges' Zeuge des Geschehens. Seine Erfahrungen sollten seinem weiteren Schaffen gänzlich neue Dimensionen verleihen.

Wassili Semjonowitsch Grossman wurde 1905 als Josif Solomonowitsch Grossman in Berdytschiw, einer Stadt in der Zentralukraine, in eine wohlhabende und gebildete jüdische Familie hineingeboren. Sein Vater Solomon Josifowitsch (Semjon Osipowitsch) Grossman stammte aus einer bessarabischen Kaufmannsfamilie und war Chemieingenieur. Seine Mutter Ekaterina Saveljewna Vitis stammte aus Odessa, hatte in Frankreich studiert und war Französischlehrerin. In Grossmans Kindheit wurde die Kurzform seines Namens Jossja ins russische Wassja umgewandelt. Später veröffentlichte er seine Werke unter dem Namen Wassili Grossman.

Berdytschiw, wo Wassili Grossman die ersten Jahre seines Lebens verbrachte, war seit dem 17. Jahrhundert ein Zentrum jüdischer Kultur und galt im Zarenreich als Inbegriff einer jüdischen Stadt. Bis zum Beginn des Zweiten Weltkrieges war die Hälfte der Bevölkerung – über 30.000 Einwohner – jüdisch. Die Stadt und ihre Atmosphäre beeinflussten Grossman für sein ganzes Leben, obwohl er, wie damals viele Juden im zaristischen Russland, in einem assimilierten Milieu und unter dem Einfluss der russischen Kultur aufwuchs. So hatte er auch kaum Verbindung zur jüdischen Tradition und konnte nur ein paar Worte Jiddisch.

Grossmans Eltern ließen sich scheiden: Er blieb bei seiner Mutter und ging mit ihr nach Genf und Lausanne, wo er auch die Schule besuchte, was seine perfekten Französischkenntnisse und seine Affinität zur fran-

3 https://litresp.ru/chitat/ru/%D0%93/grossman-vasilij-semenovich/godi-vojni/17 (30. September 2019); alle folgenden Übersetzungen aus dem Russischen stammen von der Autorin.

zösischen Literatur erklärte. 1914 kehrte Grossman mit seiner Mutter nach Kiew zurück, wo er 1922 die Schule abschloss. Familie und familiäre Bindungen spielten für ihn eine große Rolle, ebenso seine jüdischen Wurzeln wie auch die sozialdemokratische Tradition, waren doch seine Mutter und Schwester wie auch sein Vater bereits vor der Oktoberrevolution 1917 in der Sozialdemokratie politisch aktiv gewesen: Figuren mit einem starken Glauben an die befreiende Kraft der Revolution werden sich später in den Werken Grossmans immer wieder finden.

Nach dem Abschluss der Schule ging er nach Moskau, studierte dort Chemie und schloss sein Studium an der Moskauer Staatlichen Universität 1929 ab. Ein Jahr zuvor hatte er Anna Petrowna Matsuk geheiratet, die Tochter Jekaterina wurde zwei Jahre später geboren. Nach dem Studium arbeitete er drei Jahre als Chemieingenieur in einer Kohlengrube im Donbass, dem Donezbecken. Es waren die Jahre des gewaltsamen Umbruchs in der jungen Sowjetunion: Im Interesse eines schnellen Aufbaus der Schwerindustrie wurden Millionen von Bauern enteignet und verbannt, Millionen starben an der 1932/1933 ausgebrochenen Hungersnot, dem *Holodomor*. Wenn auch die Siedlungen der Grubenarbeiter von dem Massensterben weniger betroffen waren als die Dörfer im Osten und Süden der Ukraine, so war doch auch dort der Hunger deutlich spürbar. 1961–1963 widmete sich Grossman in seiner in mehreren Fassungen geschriebenen (aber erst in der Zeit der Perestroika erschienenen) Erzählung *Wsjo tetschot* (Alles fließt)[4] diesem Thema und schuf damit eine der eindrucksvollsten Darstellungen dieser schrecklichen Tragödie des Stalinismus. Die schweren Arbeitsbedingungen und das harte Leben im Donbass führten dazu, dass Grossman an Tuberkulose erkrankte. 1933 kehrte er nach Moskau zurück, wo er bis zu seinem Lebensende blieb.

1934 veröffentlichte Grossman seine ersten großen Erzählungen, unter anderem *Gljukauf*[5] (Glückauf), eine Geschichte über das Leben

4 Wassili Grossman, Alles fließt, Berlin 2010, übersetzt von Annelore Nitschke.
5 Ders., Gljukauf [Glückauf], Moskau 1934.

der Bergleute mit einer schonungslosen Beschreibung der schweren Arbeit, die sich stark von den enthusiastischen Darstellungen der sowjetischen Propaganda unterschied, in der die Erfolge der Arbeiter der Stachanow-Bewegung, der nach einem Bergarbeiter benannten Kampagne zur Steigerung der Arbeitsproduktivität bei der Erfüllung des Fünfjahresplanes, gefeiert wurden. Maxim Gorki, der gerade aus Italien zurückgekommen war und zum gefeierten Papst der Sowjetliteratur wurde, schenkte dieser Erzählung zwar seine Aufmerksamkeit und schrieb Grossman durchaus schöpferisches Potenzial zu, kritisierte den Autor aber, indem er ihn fragte, welche Wahrheit er seinen Lesern eigentlich offenbaren wolle und ob solche Wahrheit wirklich von Nutzen sein könne?

In Grossmans Erzählung *W gorode Berditschewe* (In der Stadt Berditschew, 1934)[6] – von Isaak Babel und Michail Bulgakow hochgelobt – werden wiederum die Menschlichkeit und Wärme einer kinderreichen jüdischen Familie der blutigen Gewalt des Bürgerkrieges gegenübergestellt. 30 Jahre später sollte Alexander Askoldow diese Geschichte als Grundlage für seinen Film *Komissar* (Die Kommissarin, 1967) verwenden: In der letzten, symbolischen Szene des Filmes wird eine Kolonne von Juden mit den applizierten gelben Sternen gezeigt, die zur Erschießung getrieben wird – gewissermaßen ein Zitat – entnommen aus Grossmans späterem Werk, in dem er über die Massenvernichtung der Juden schrieb. Der Regisseur des Filmes durfte in der Folge nicht mehr arbeiten und drehte tatsächlich nie wieder einen Spielfilm, der Film selbst wurde verboten und in der Sowjetunion bis zur Perestroika nie öffentlich aufgeführt: Er erhielt 1988 bei der Berlinale den Spezialpreis der Jury, den Silbernen Bären.

Der Erfolg seiner ersten Werke bestärkte Grossman in seinem Wunsch, ein professioneller Schriftsteller zu werden. In der zweiten Hälfte der 1930er-Jahre erschienen weitere Bände mit Erzählungen

6 Veröffentlicht in der Aprilnummer 1934 der *Literaturnaja Gaseta* (Literaturzeitung).

und kurz vor dem Krieg zwei Teile des epischen Romans *Stepan Koltschugin*[7] über die revolutionäre Bewegung von 1905 bis zum Ersten Weltkrieg.

1937/1938, in den Jahren der Massenverhaftungen und des ‚Großen Terrors', musste Grossman erleben, wie ihm nahestehende Menschen zu Opfern des Stalinismus wurden: Seine Moskauer Cousine wird als Trotzkistin in die Verbannung geschickt, kommt später in den Gulag; der Ehemann seiner Tante in Berdytschiw, ein bekannter Arzt, in dessen Haus Grossmans Mutter lebt, wird verhaftet und erschossen. Nachdem Grossmans erste Ehe 1933 geschieden worden war, hatte er 1936 Olga Guber geheiratet. Auch sie wird 1937, als ihr erster Mann verhaftet und zum Tode verurteilt wird, vom NKWD, dem Volkskommissariat für innere Angelegenheiten, der sowjetischen Geheimpolizei, abgeholt. Grossman adoptierte darauf ihre Söhne aus erster Ehe und kämpfte für ihre Freilassung: Er bombardierte die Regierung mit Briefen, in denen er Beweise dafür vorlegte, dass er schon seit Jahren mit ihr zusammenlebte. Schließlich wurde sie nach einigen Monaten aus der Haft entlassen.

Von den ersten Tagen des ‚Großen Vaterländischen Krieges' bis zum Sieg über Hitler-Deutschland war Wassili Grossman Sonderkorrespondent der Zeitung *Krasnaja Swesda* (Roter Stern), eines der wichtigsten sowjetischen Presseorgane im Krieg. Damals gehörte er schon zu den bekannten Schriftstellern der UdSSR, von denen sich aber nicht alle so mutig wie er verhielten: Obwohl ganz und gar Zivilist, berichtete er von den gefährlichsten Kampforten. Vieles, was Grossman erlebte – die militärische Katastrophe der Roten Armee in den ersten Wochen des Krieges, die Tragödie der Zivilbevölkerung, die nach der Flucht der sowjetischen Truppen ihrem Schicksal unter der deutschen Besatzung überlassen wurde –, hielt er zudem in seinen Notizbüchern fest. Aber auch in den für die Veröffentlichung vorgesehenen Berich-

7 Wassili Grossman, Stepan Koltschugin. Roman in vier Teilen, Berlin (DDR) 1953.

ten beschrieb er das Geschehen ohne falsches Pathos oder übertriebene Heroisierung. Kriegskorrespondenten, die mit falschem und leerem Pathos berichteten oder von erfundenen Heldentaten erzählten, waren ihm zutiefst zuwider.

Von Beginn des Krieges an glaubte Grossman an die Widerstandskraft des russischen Volkes und verlor diesen Glauben auch in den tragischsten Augenblicken nicht. Er hoffte, dass der befreiende Kampf gegen den realen und grausamen Feind auch die Lügen und das Unrecht der Vorkriegszeit auslöschen werde. Erst sehr viel später wird Grossman zu einer komplexeren und ausgewogeneren Sichtweise kommen, wird in den 1950er-Jahren schließlich viele seiner Ansichten über den Charakter der Macht und deren Unmenschlichkeit überdenken.

Während der Schlacht um Stalingrad befand er sich direkt in der umkämpften und kämpfenden Stadt. Stalingrad wird für Grossman zum Höhepunkt des Krieges: Hier geht es um den lange ersehnten Wendepunkt. Als Korrespondent einer der wichtigsten Zeitungen und bekannter Schriftsteller mit dem militärischen Rang eines Oberstleutnants hätte er sein Leben an der Front recht bequem gestalten können – allein das war nicht seine Art, er wollte Teil dieser halb verhungerten, im Schlamm und Frost steckenden, ohne Nachschub kämpfenden Armee sein. Ein Dokument aus seinem Nachlass sagt viel über ihn aus: „Wir, die Unterzeichner, bescheinigen hiermit, dass der Mantel des Sonderkorrespondenten des *Roten Stern* Gen. Oberstleutnant Grossman nach drei Jahren an der Front in einen Zustand der völligen Abnutzung gekommen ist. Oberst I. Hitrov, Oberstleutnant P. Kolomeitsew, Oberstleutnant L. Gatowski. 28.7.44".[8]

Auch das schreckliche Schicksal der Juden in den besetzten Gebieten wurde Grossman sehr schnell bewusst. Und dieses Wissen sollte

8 Semjon Lipkin, Schisn i sudba Wassilija Grossmana [Leben und Schicksal von Wassili Grossman], in: Ders., Kwadriga. Powest, Memoari [Quadriga. Geschichte, Erinnerungen], Moskau 1997, 513.

ihn von nun an nie mehr verlassen. Auch sein größter persönlicher Schmerz – seine Mutter wird mit anderen Juden in Berdytschiw ermordet – trug dazu bei: Am 7. Juli 1941 war die Wehrmacht in die Stadt einmarschiert, und schon am 25. August 1941 war der Befehl zur Einrichtung des Ghettos ergangen. Am 14. September 1941 war das Ghetto von SS und Polizei abgeriegelt worden, 18.600 Menschen waren zu vorbereiteten Gruben getrieben worden, wo sie einen Tag darauf erschossen worden waren. Unter den Ermordeten befand sich auch Grossmans Mutter. Als Berdytschiw am 15. Jänner 1944 von der Roten Armee befreit wurde, waren von der jüdischen Bevölkerung, die vor dem Krieg etwa die Hälfte der über 60.000 Einwohner der Stadt ausgemacht hatte, nur noch 15 Personen am Leben.

Grossman liebte seine Mutter sehr, die schuldlose Schuld an ihrem Tod sollte ihn sein ganzes Leben lang quälen: Er war überzeugt, nicht alles getan zu haben, um sie entweder vor dem Krieg oder zumindest in den ersten Tagen des Krieges aus Berdytschiw herauszuholen. Nach dem Krieg sollte er in den schwierigsten Momenten seines Lebens zweimal Briefe an seine Mutter schreiben, posthum um Vergebung und Trost bittend. Diese Briefe bewahrte er in einem Umschlag zusammen mit zwei Fotos auf: Auf dem einen sieht man ihn als Kind mit seiner Mutter, auf dem anderen – von einem deutschen Offizier gemacht – Gräben, gefüllt mit den Leichen der Bewohner des Ghettos. In seinem ersten, 1950 geschriebenen Brief klagte er: „Neun Jahre schrieb ich Dir keine Briefe, erzählte Dir nicht von meinem Leben, meinen Angelegenheiten. Und in diesen neun Jahren hat sich so viel in meiner Seele angesammelt, dass ich nun beschlossen habe, Dir zu schreiben".[9] Und im zweiten Brief, denn er 1961 schrieb, als der 20. Todestag seiner Mutter fast genau mit der Beschlagnahme seines Romans *Schisn i sudba* (Leben und Schicksal, 1959)[10] zusammenfiel, gestand er in tiefstem Schmerz

9 Anatolij Botscharow, Wassili Grossman. Schisn, sudba, tworschestwo [Leben, Schicksal, Werk], Moskau 1990, 181.

10 Wassili Grossman, Leben und Schicksal, München 1984.

und tiefster Trauer: „Ich bin Du. Und solange ich lebe, lebst Du. Und wenn ich sterbe, wirst Du in dem Buch weiterleben, das ich Dir gewidmet habe und dessen Schicksal Deinem Schicksal ähnelt [...]. Ich habe fast die ganze Zeit an Dich gedacht, als ich die letzten zehn Jahre gearbeitet habe – diese Arbeit ist meiner Liebe gewidmet, der Hingabe an die Menschen [...] und dein schreckliches Schicksal ist das Schicksal des Menschen in einer unmenschlichen Zeit."[11]

„Es hat sich hat sich so viel in meiner Seele angesammelt", schrieb Grossman in dem Brief an seine ermordete Mutter. Aber dies galt nicht nur für seine Seele – während des Krieges sammelte er auch konkrete Zeugnisse und Dokumente über die Vernichtung des sowjetischen Judentums. Grossman gehörte zu jenen Korrespondenten, die als erste die von den sowjetischen Truppen befreiten Konzentrationslager Majdanek und Treblinka betraten. Aber noch vor seinem Bericht *Hölle von Treblinka*, den Grossman Ende 1944 veröffentlichte und mit dem er das Thema Holocaust in der UdSSR eröffnete, schrieb er einen Nachruf, einen *Kaddisch*, für die ermordeten Juden der Ukraine: *Ukraina on Yidn*.[12] Dieser starke und tragische Text wurde aber nicht in der Zeitung *Krasnaja Swesda* veröffentlicht, sondern erschien im Herbst 1943 in einer jiddischen Übersetzung ausschließlich in der Zeitung *Ejnikajt* (Einigkeit), dem Organ des Jewreiski Antifaschistski Komitet (Jüdisches Antifaschistisches Komitee – JAK). Schon während des Krieges musste Grossman also erleben, wie das Thema der Judenvernichtung von der offiziellen sowjetischen Propaganda marginalisiert und verdrängt wurde.

Aufgabe des im August 1941 von namhaften Personen in Moskau gegründete Jewreiski Antifaschistski Komitet war es, jüdische Kreise im Ausland, vor allem in den USA, für die Unterstützung der Sowjet-

11 Botscharow, Wassili Grossman, 183.

12 Wassili Grossman, Ukraine ohne Juden, in: Johannes Hürter/Jürgen Zarusky (Hg.), Besatzung, Kollaboration, Holocaust. Neue Studien zur Verfolgung und Ermordung der europäischen Juden. Mit einer Reportage von Wassili Grossman, München 2008, 189-200, übersetzt von Jürgen Zarusky.

union zu mobilisieren. Im November 1941 berichtete das Parteiblatt *Prawda* (Wahrheit) zum ersten Mal über das Massaker an Kiewer Juden in Babi Jar: Aber bereits ab Winter 1942 wurden Informationen über die Vernichtung der jüdischen Bevölkerung in den besetzen Territorien wieder spärlicher. Der Überfall der Wehrmacht auf die Sowjetunion und der Beginn der Massenvernichtung der jüdischen Bevölkerung lösten in den besetzten Gebieten starke antisemitische Stimmungen aus und führten in vielen Orten zu lokal initiierten Pogromen. Manche Vertreter der örtlichen Bevölkerung traten in den Dienst der Okkupanten und wirkten aktiv an der Ermordung von Juden mit. Nach der Befreiung gab es an einigen Orten, an die Überlebende zurückkehrten, pogromartige Vorfälle. Aber der Antisemitismus, der auch in der Sowjetunion nie verschwunden gewesen war, nahm nicht nur in den von den Deutschen besetzten Gebieten zu: Auch dort, wohin Juden evakuiert wurden, in den zentralasiatischen Republiken, im Ural wuchs der Antisemitismus.

Ab 1942 begann die sowjetische Propaganda, die laufend über die Gräueltaten der Hitler-Armee berichtete, das schrecklichste Verbrechen – den Massenmord an den Juden – vollkommen zu verschweigen. Einer der Gründe dafür war das Bestreben, der deutschen Propaganda, die ja schon immer vom ‚jüdischen Bolschewismus'[13] gesprochen hatte, keinen weiteren Stoff zu liefern. Man begann, den Holocaust zu verschweigen, allein um den Eindruck zu vermeiden, die Besatzer gingen nur gegen Juden und Kommunisten vor, und alle anderen bräuchten keine Angst zu haben. Diese antijüdische Stimmung fand in der sowjetischen Führung mehr und mehr Unterstützung; der niemals offen zutage tretende, aber doch deutlich antisemitische Kurs machte sich immer mehr bemerkbar. Seit Winter 1942 gab es vom Zentralkomitee der KPdSU laufend Weisungen, gegen „die Einnistung der Juden", vor allem im ideologischen und im kulturellen Bereich, ent-

13 Paul A. Hanebrink, A Specter Haunting Europe. The Myth of Judeo-Bolshevism, Cambridge MA 2018.

sprechende Maßnahmen zu treffen:[14] Personen jüdischer Herkunft sollten aus den Zeitungsredaktionen, sogar aus dem Bolschoi-Theater und dem Konservatorium aus allen möglichen, in der Regel fingierten Gründen entlassen werden. Jüdische Armeeangehörige wurden aus den Listen für militärische Auszeichnungen und Orden gestrichen. Es wurden Lügen verbreitet, dass Juden gegenüber den deutschen Besatzern keinen Widerstand leisten, in der Roten Armee nicht kämpfen und sich vor dem Fronteinsatz drücken würden.

Der Massenmord an den Juden in den besetzten sowjetischen Territorien konnte dennoch nicht völlig verschwiegen werden, aber die sowjetische Führung wollte den Juden – als Hauptopfergruppe – keinen Sonderstatus zubilligen. So entstand die offizielle Formel für das Verschweigen: Alle Opfer wurden einfach zu ‚friedvollen Sowjetbürgern' hochstilisiert – unabhängig davon, welcher Gruppe sie angehörten. Selbst als die sowjetische Presse über die Befreiung von Auschwitz berichtete, wurde nicht erwähnt, dass es sich um einen Massenvernichtungsort für Juden gehandelt hatte.

Während des Krieges war diese Politik noch durchaus ambivalent, benötigte die Sowjetunion doch die Unterstützung und Hilfe des Auslandes, der Alliierten, allen voran der USA. Und so wurde das Sammeln von Dokumenten und Zeugnissen über Massaker an Juden an das Jüdische Antifaschistische Komitee delegiert, im Rahmen dessen 1944 eine Kommission unter der Leitung des berühmten sowjetischen Publizisten Ilja Ehrenburg gebildet und mit der Aufgabe betraut wurde, eine Dokumentation über die NS-Verbrechen zusammenzustellen. In erstaunlicher Geschwindigkeit und mit großer Anstrengung entstand so mit der Hilfe zahlreicher Journalisten, Schriftsteller und Publizisten die Grundlage für das sogenannte *Schwarzbuch*.[15] Wassili

14 Gosudarstwennyi antisemitism w SSSR (1938–1953) [Staatlicher Antisemitismus in der UdSSR (1938–1953)], Moskau 2005, 27-32.

15 Deutsche Übersetzung: Arno Lustiger (Hg.), Das Schwarzbuch. Der Genozid an den sowjetischen Juden, Reinbek bei Hamburg 1994.

Grossman spielte dabei eine tragende Rolle, er schrieb die Einführung, und seine Reportage *Die Hölle von Treblinka* sollte ein Teil des Buches werden. Anfang 1946 war das Manuskript fertig und wurde in verschiedene Länder verschickt. In der Sowjetunion selbst konnte nur ein kleiner Teil auf Russisch und Jiddisch erscheinen, der größte fiel der Zensur zum Opfer. Die tragische Geschichte dieses Buches ist bekannt: Eine Parteikommission fand im *Schwarzbuch* viele schwerwiegende politische ‚Fehler', es entsprach nicht der Parteilinie. Der Hauptvorwurf bestand darin, dass die zitierten Dokumente zu viel von der Kollaboration der einheimischen Bevölkerung berichteten und das die deutschen Besatzer weniger verantwortlich erscheinen ließe. Der Text des *Schwarzbuches*, hieß es, erwecke „eine falsche Vorstellung von der wahren Natur des Faschismus", weil der Eindruck entstehe, dass „die Deutschen gegen die UdSSR nur mit dem Ziel gekämpft hatten, Juden auszurotten [...]. Die Propaganda-Abteilung der ZK hält die Veröffentlichung des *Schwarzbuches* für unangemessen".[16]

1948 wurde die Publikation vor dem Hintergrund der beginnenden antijüdischen Stalinistischen Kampagne gegen sogenannte heimatlose Kosmopoliten endgültig verboten, und nach der Auflösung des Jüdischen Antifaschistischen Komitees und der Verhaftung mehrerer seiner Mitglieder war eine erneute Publikation auf Jahrzehnte unmöglich geworden. Mehr noch: Die Vorbereitung dieses Buches wurde zu einem der Hauptanklagepunkte im Prozess gegen die Mitglieder des Jüdischen Antifaschistischen Komitees. In den Begründungen für die Todesurteile wurde die Mitarbeit am *Schwarzbuch* als „anschauliches Beispiel für die Verbindung mit den jüdischen Nationalisten der USA"[17] dargestellt.

Hiermit blieb *Die Hölle von Treblinka* eine der wenigen Publikationen, die den Holocaust in seiner ganzen Schrecklichkeit schilderten. Es ist bemerkenswert, mit welcher fast epischen Ruhe und Zu-

16 Gosudarstwennyi antsemitism, 99.
17 Ebd., 194.

rückhaltung Grossman diese Todesfabrik beschrieb, wie sachlich er sich schon 1944 auf Fakten und Dokumente stützte. Aber auch die Bilder, die er benutzte, um das Unbeschreibliche zu beschreiben – etwa: „die unter den Füßen nachgebende Erde ist aufgequollen und fett" –, sind inzwischen zu Metaphern geworden.

In den letzten Kriegsjahren und nach dem Krieg arbeitete Grossman an seinem epischen Roman *Sa prawoe delo* (Für die gerechte Sache, 1952), der stark in der Tradition von Tolstoi steht und die beginnende Schlacht um Stalingrad vor dem Hintergrund des Alltags einer großen russischen Familie darstellt. Der Roman wurde zwar veröffentlicht und von der Leserschaft mit Bewunderung und Anerkennung aufgenommen, seitens der Parteiführung jedoch vernichtend kritisiert: Die Darstellung des Kampfes um Stalingrad sei nicht heroisch genug, und es gebe – das konnte man so manchen Andeutungen entnehmen – zu viele Helden mit jüdischen Namen. In diesen Jahren, als die antisemitische Kampagne bis zum Tod Stalins 1953 immer heftiger wurde, blieb das jüdische Thema für Grossman noch eine Marginalie.

Erst in seinem nächsten Roman, der zu Grossmans Lebenswerk werden sollte, in *Leben und Schicksal,* greift er, fast zehn Jahre nach der *Hölle von Treblinka,* das tragische Schicksal der Juden wieder auf. Neben der Beschreibung der Schlacht um Stalingrad, der deutschen Konzentrations- und Vernichtungslager sowie des sowjetischen Gulag ist dieses einer der Haupterzählstränge des Romans. Mehr noch: Grossman widmete das Buch seiner ermordeten Mutter. Es ist der Hauptheld, der stark an Grossman selbst erinnernde Physiker Viktor Strum, der den Abschiedsbrief seiner Mutter aus dem Ghetto erhält, das kurz zuvor liquidiert worden ist. In diesem Brief der Mutter beschreibt Grossman mit gewaltiger künstlerischer Kraft das Leben im Ghetto, er zeigt, wie leicht und schnell dieses Ghetto für die meisten nichtjüdischen Bewohner der Stadt zur Selbstverständlichkeit geworden ist, wie unverzüglich, unhinterfragt und widerstandslos sie die Maßnahmen der Besatzer akzeptiert haben. Ohne zu zögern, zieht eine früher so liebenswürdige Nachbarin in das Zimmer der Mutter ein, wirft sie und ihre Sachen hinaus, nimmt ihr Sofa in Beschlag. Und als die Mutter ins Ghetto gehen muss, liefern sich die Nachbarn einen Streit darüber, wer ihre Stühle bekommen solle. Der alte Lehrer, der einst stolz auf die Erfolge ihres Sohnes Viktor war, sagt nun, dass die Luft endlich sauber sei, es „nicht mehr nach Knoblauch" rieche. Allein ein ehemaliger Patient – die Mutter ist eine stadtbekannte Ärztin –, der mürrische Arbeiter einer Druckerei, von dem sie niemals Mitgefühl erwartet hätte, hilft ihr. Er nimmt von ihr sogar diesen letzten Brief entgegen, um ihn dem Sohn zu übermitteln – sollte dies noch möglich sein. „Lebe, lebe ewig …" – beendet sie ihren Brief mit Worten, die die ganze Kraft einer mütterlichen Liebe ausdrücken.

Aber Grossman blieb nicht bei der Darstellung des Ghettos stehen. Er kehrte zu seinem Essay über Treblinka zurück und entwickelte auf dieser Grundlage eine der besten Episoden des Romans. Auch darin geht es um die Mutterliebe: In einem Transport zum Todeslager treffen die alte Ärztin Sophia Levinton und der kleine Junge David, den die Mutter im Sommer 1941 zur Großmutter in die ukrainische Stadt geschickt hat, aufeinander. In diesem Transport befinden sich ganz unterschiedliche Menschen – Menschen unterschiedlicher sozialer Herkunft, unterschiedlicher Bildung, unterschiedlicher Natur: zusammengepfercht, um in den Tod geschickt zu werden. Aber bei aller Verschiedenheit haben sie etwas sehr Starkes, das sie vereint – sie sind Juden und müssen deshalb sterben. Und die 60-jährige Sophia Levinton, die nie verheiratet war, drückt in der Gaskammer den kleinen David an sich, beruhigt ihn wie eine Mutter, um ihm den Tod zu erleichtern. Es ist der unvermeidliche Tod, der sie alle verbindet und letztlich zu einem Volk mit einer Seele macht. Beide der Ermordung von Juden gewidmeten Episoden des Romans enden mit einem Triumph der mütterlichen Zuneigung: Für Grossman ist diese uneingeschränkte Liebe das Ewige, das man dem absolut Bösen entgegenstellen kann und das hier triumphiert.

In *Leben und Schicksal* brach Grossman mit vielen Tabus, die auch nach dem 20. Parteitag der KPdSU und der Entlarvung des Personenkults um Stalin noch weiterbestanden – und die ‚jüdische Frage' war eines dieser Tabus. Zwar wurden die Vorbereitungen für einen Prozess gegen jüdische Ärzte mit der Anklage, eine Verschwörung angezettelt zu haben, nach dem Tod Stalins 1953 eingestellt, auch die Massenentlassungen von Juden wurden gestoppt, die Welle des Alltagsantisemitismus ebbte etwas ab, aber die de facto diskriminierende, antijüdische Politik wurde in der einen oder anderen Form stillschweigend weiter fortgesetzt. Auch Chruschtschow, der den Stalin-Kult an den Pranger stellte, wollte den Antisemitismus nicht wirklich bekämpfen und hielt mehrmals öffentlich fest, dass es in der Sowjetunion keine ‚jüdische Frage' gebe. Bis zur Perestroika galt so das faktische Verbot der öffentlichen Erinnerung an den Holocaust, bis in die 1990er-Jahre währte der Kampf um die Möglichkeit, an den Massenerschießungsorten Denkmäler zu errichten (die Geschichte von Babi Jar in Kiew ist in diesem Zusammenhang die bekannteste).

Für Grossman aber war gerade diese ‚jüdische Frage' der Prüfstein. Auch aus diesem Grund fügte er in *Leben und Schicksal* ein Kapitel über das Wesen des Antisemitismus ein. Er bot hier eine Klassifikation des Antisemitismus, vom ideologischen bis zum physiologischen, bestimmte seine Formen – individuelle, gesellschaftliche, staatliche –, zeigte seine Ausprägungen – vom Spott bis zum Pogrom – und versuchte, sein tiefstes Wesen aufzudecken. Antisemitismus, meint Grossman, sei ein Spiegel der eigenen Mängel, ein Maß für die eigenen Vorurteile, ein Ausdruck der eigenen Unfähigkeit, den Lebenskampf zu gewinnen. Zu allen Zeiten sei Antisemitismus ein Symbol der Reaktion, der Macht des Bösen, und staatlicher Antisemitismus sei immer nur ein Zeichen dafür, dass es um einen totalitären Staat gehe.

Und damit meinte Grossman nicht nur den Nationalsozialismus, teilte er doch das Böse an sich nicht in das Fremde und das Eigene. Grossman ist mit dieser universellen, allumfassenden Betrachtungsweise der Zeit weit voraus. In seinem Roman wird das sowjetische System nicht als Verkörperung des Guten wahrgenommen. In einer für Grossman sehr wichtigen Szene des Romans gibt es ein Gespräch zwischen dem alten Bolschewiken Mostowskoj und dem Gestapo-Mann Liss, in dem eine Parallele zwischen Hitlerismus und Stalinismus gezeichnet wird. Diese Parallele zwischen den beiden Systemen wird im Roman weiterentwickelt.

Grossman malt ein auffallend vielschichtiges und facettenreiches Bild des Lebens in einem riesigen Land während eines der dramatischsten Momente seiner Geschichte – ein Bild, das tief in das Wesen des stalinistischen Systems eindringt, in die Psychologie von Menschen, die verschiedenen sozialen Schichten angehören – von einer einsamen alten Frau in einem entlegenen Dorf bis zu einem Mitglied des Militärrats oder Stalin selbst. Neben dem deutschen Lager zeigt Grossman auch den sowjetischen Gulag. Und er gibt Antwort auf eine der wichtigsten Fragen, die bis heute in der russischen Gesellschaft ungelöst geblieben ist: Wie kann die Grausamkeit und Unmenschlichkeit des Stalin-Regimes mit dem Befreiungskampf des Volkes gegen die Armeen Hitlers in Einklang gebracht werden? Und was bedeutete der mit solcher Anstrengung und Aufopferung errungene Sieg für die Gulag-Häftlinge, für Kalmücken, Tschetschenen und andere Völker, die noch während des Krieges deportiert wurden, oder für die Länder und Gesellschaften Ostmitteleuropas nach dem Krieg? Hier läge die Antwort auf die wichtigste Frage – nämlich jene, warum diese Befreiung vielen Menschen und Völkern nur eine neue Unfreiheit gebracht hat?

Wassili Grossman übergab das Manuskript von *Leben und Schicksal* 1961 an die Zeitschrift *Snamja* (Das Banner), aber trotz des politischen ‚Tauwetters' war es eine Illusion, dass der Text unter den damaligen Umständen je hätte veröffentlicht werden können. Die Redaktion der Zeitschrift leitete den Roman umgehend an das Zentralkomitee der KPdSU weiter: Dort hielt man das Buch für so gefährlich, dass der KGB bald darauf eine Hausdurchsuchung bei Grossman durchführen und Abschriften des Manuskripts beschlagnahmen ließ. Glücklicherweise hatte er zwei davon bei Freunden versteckt, die sie in den 1970er-Jahren in den Westen schmuggeln konnten. Der Roman wurde im Ausland 1980, in der Sowjetunion erst 1988 – schon während der Perestroika – veröffentlicht.

Für Grossman selbst stellten die Beschlagnahme und das Verbot seines Lebenswerkes eine Tragödie dar. In einem Brief an Chruschtschow forderte er „Freiheit für sein Buch": „Ich ersuche Sie, meinem Buch die Freiheit zurückzugeben. Ich ersuche, dass über mein Manuskript die Redakteure und nicht die Mitarbeiter des Komitees für die Staatssicherheit mit mir sprechen und streiten […]. Meine physische Freiheit macht keinen Sinn, wenn jenes Buch im Gefängnis sitzt, dem ich mein Leben gewidmet habe. Noch immer bin ich der festen Überzeugung, dass ich die Wahrheit geschrieben habe, dass ich sie geschrieben habe, weil ich die Menschen liebe und an sie glaube."[18] Als Antwort erhielt er nur die Bestätigung, dass sein Buch nicht früher als in 200 Jahren veröffentlicht werden könne.

Doch das Verbot war nicht nur für den Schriftsteller tragisch, sondern auch für das russischen Publikum. Man kann sich heute nur fragen, wie dieses Buch, das sein Publikum mit einer solchen Verzögerung erreichte, die Menschen in der Sowjetunion beeinflusst hätte. Vielleicht wären seine Auswirkungen sehr groß gewesen, wurde doch in diesem Roman eine Analyse des Sowjetsystems geboten, wie sie damals nirgendwo zu finden war. Und so blieb die Wahrnehmung des Gulag, aber auch des Holocaust und anderer wichtiger – kultureller, sozio-anthropologischer und natürlich politischer – Themen lange Zeit verdrängt und aus dem öffentlichen und politischen Bewusstsein ausgeschlossen. Unverstanden und nicht im öffentlichen Diskurs vertreten sind diese Themen bis heute. Eine tiefe soziale Reflexion sowie weitere Forschung wären notwendig.

18 Lipkin, Schisn, 576-580.

In diesem Sinne klingen die Worte, mit denen Grossman seine Reportage *Ukraine ohne Juden* 1943 abschloss, nach wie vor aktuell: „Mir scheint, dass es in dieser grausamen und schrecklichen Zeit, in der unsere Generation dazu verurteilt ist, auf der Erde zu leben, nicht erlaubt ist, sich mit dem Verbrechen abzufinden, dass es nicht angeht, gleichgültig und sich selbst und anderen gegenüber moralisch anspruchslos zu sein."[19]

Die hoffnungslose Situation rund um sein Buch verkürzte Grossmans Tage, Schmerz und Traurigkeit ergriffen ihn: An Krebs erkrankt, starb er 1964 in Moskau. Aber in der Hoffnung, dass seine Stimme doch die Leser erreichen werde, schrieb er einen kurzen Essay. Diesen widmete er seinem Freund, einem der besten russischen Prosaschriftsteller: Andrei Platonow, der 1899 geboren, im Jänner 1951 gestorben und – unter Stalin verboten – in Vergessenheit geraten war. Doch der Text betraf letztlich auch sein eigenes Schicksal: „Der Ruhm eines Schriftstellers steht nicht immer in vollem und fairem Zusammenhang mit seiner tatsächlichen Bedeutung und seinem Platz in der Literatur. Aber die Zeit ist kein Feind der wahren Werte der Literatur, sondern ein vernünftiger und freundlicher Freund, ein ruhiger und treuer Bewahrer."[20]

19 Grossman, Ukraine, 200.

20 Lasar Lasarew, Schiwym ne weritsja, schto schiwi [Die Lebenden glauben nicht, dass sie leben], Moskau 2007, 307.

Redaktionelle Erläuterungen zum Originaltext „Die Hölle von Treblinka"

Die kommentierenden Endnoten wurden unter anderen mithilfe der Dokumente und Unterlagen Simon Wiesenthals im Archiv des Wiener Wiesenthal Instituts für Holocaust-Studien (VWI) – VWI-SWA – erstellt.

1 Małkinia Górna, Ortschaft und Bahnknoten in der heutigen Woiwodschaft Masowien, ca. fünf Kilometer nördlich von Treblinka.

2 Białystok, Hauptstadt der heutigen Woiwodschaft Podlachien, an der Bahnstrecke Warschau-Vilnius ca. 100 Kilometer östlich von Treblinka. Im Zuge des Ribbentrop-Molotow-Paktes wurde die Stadt 1939 der Weißrussischen Sozialistischen Sowjetrepublik angegliedert. Nach dem Überfall der Wehrmacht auf die Sowjetunion richteten die deutschen Besatzer im August 1941 ein Ghetto bzw. Zwangsarbeitslager in der Stadt ein. Nach dessen Auflösung im August 1943 wurde die jüdische Bevölkerung in die Vernichtungslager Treblinka und Auschwitz verbracht und dort ermordet.

3 Siedlce, Stadt in der heutigen Woiwodschaft Masowien, auf halbem Weg zwischen Warschau und der polnisch-weißrussischen Grenze gelegen. Nach dem deutschen Überfall auf Polen im September 1939 wurde Siedlce Teil des ‚Generalgouvernements', im Stadtzentrum wurde im August 1941 ein Ghetto installiert, in dem etwa 15.000 Juden, aber auch aus Deutschland deportierte Roma leben mussten. Im August 1942 – nach der Auflösung des Ghettos – wurden die Bewohner/innen entweder sofort erschossen oder nach Treblinka verschleppt.

4 Łomża, eine Stadt in der heutigen Woiwodschaft Podlachien, wurde 1939 infolge des Ribbentrop-Molotow-Paktes von der Roten Armee besetzt und der Weißrussischen Sozialistischen Sowjetrepublik angeschlossen. Nach dem Überfall der Wehrmacht auf die Sowjetunion im Juni 1941 kam es zur Einrichtung eines Ghettos. Ein Teil der hier zusammengepferchten jüdischen Bevölkerung aus der unmittelbaren Umgebung wurde sofort erschossen, der andere nach der Auflösung des Ghettos im November 1942 in das Vernichtungslager Auschwitz deportiert.

5 Sobibor, ein deutsches Vernichtungslager im heutigen Dreiländereck Polen–Weißrussland–Ukraine, wurde Anfang 1942 im besetzten Polen, an der Ostgrenze des damaligen Distrikts Lublin des ‚Generalgouvernements' errichtet und diente neben den Lagern Belzec und Treblinka im Rahmen der ‚Aktion Reinhardt' der planmäßigen Ermordung von Juden. Nach Schätzungen wurden hier bis zu 250.000 Menschen in Gaskammern ermordet.

6 Majdanek, Vorort von Lublin, 160 Kilometer südöstlich von Warschau. Hier bestand von Oktober 1941 bis zu seiner Auflösung am 23. Juli 1944 ein Lager(zunächst als „Kriegsgefangenenlager der Waffen-SS Lublin", ab Februar 1943 als „Konzentrationslager Lublin").

7 Im Vernichtungslager Bełżec in der heutigen Woiwodschaft Lublin wurden nach Zählung der SS zwischen März und Dezember 1942 434.508 Menschen ermordet. Bełżec war neben Sobibor und Treblinka das erste dieser drei im Rahmen der „Aktion Reinhardt" eingerichteten Vernichtungslager.

8 Oswienzim (poln.: Oświęcim): Auschwitz.

9 Treblinka I, das im Juli 1941 eingerichtete NS-Arbeitslager im besetzten Polen, bestand bis August 1944. Die Häftlinge wurden hauptsächlich in der direkt neben dem Lager gelegenen Kiesgrube, in Werkstätten auf dem Lagergelände sowie auf Baustellen am Fluss Bug ausgebeutet. Insgesamt gingen rund 20.000 Menschen durch das Lager, die Hälfte von ihnen überlebte nicht; siehe: Wolfgang Benz, Treblinka, in: Ders./Barbara Distel (Hg.), Der Ort des Terrors. Geschichte der nationalsozialistischen Konzentrationslager, Bd. 8: Riga, Warschau, Vaivara, Kaunas, Płaszów, Kulmhof/Chełmno, Bełżec, Sobibór, Treblinka, München 2008.

10 Treblinka II, war ein Vernichtungslager im besetzten Polen und von Juli 1942 bis Oktober 1943 Teil der „Aktion Reinhardt". Nach Schätzungen wurden hier zwischen Juli 1942 und Oktober 1943 im Rahmen der „Aktion Reinhardt" 700.000 bis 900.000 Juden sowie 2.000 Roma in Gaskammern getötet. Nach einem Aufstand der Sonderkommandos Anfang August endeten die Vergasungsoperationen in Treblinka II im Oktober 1943. Während des Aufstandes wurden mehrere Trawniki-Wachen getötet, und 200 Gefangene flohen aus dem Lager. Fast 100 überlebten die anschließende Verfolgung.

11 Gemeint ist das 1936 von Isaak Ossipowitsch Dunajewski (1900–1955) komponierte Lied *Vaterland, kein Feind soll dich gefährden* mit dem Text von Wassili Lebedew-Kumatsch (1898–1949). Die ersten Akkorde waren ab 1939 auch das Pausenzeichen von Radio Moskau. Der Text der deutschen Fassung – *Lied vom Vaterland* – stammt von Erich Weinert (1890–1953).

12 Theodor van Eupen (1907–1944), SS-Sturmbannführer, von 1941 bis zu seiner Auflösung im Juli 1944 Kommandant des Lagers Treblinka I, im Dezember 1944 bei Jędrzejów in Südpolen von polnischen Partisanen erschossen.

13 Herbert Stumpe, SS-Untersturmführer, Befehlshaber der Wache in Treblinka, von den Häftlingen der „Lächelnde" oder „Lachender Tod" genannt.

14 Gruppenwachmann Franz Swiderski, von den Häftlingen „Hammervirtuose" genannt, tauchte nach 1945 unter dem Namen Franz Zerr unter, wurde aber schließlich gefasst und 1971 zu lebenslanger Haft verurteilt; siehe: Immer Angst, in: Der Spiegel, 2. Dezember 1968, 86-89, online unter: https://www.spiegel.de/spiegel/print/d-45876492.html (1. November 2019); Franz Zerr, Urteil Landgericht Düsseldorf vom 15. Oktober 1971, in: Fritz Bauer (Hg.), Justiz und NS-Verbrechen. Sammlung deutscher Strafurteile wegen nationalsozialistischer Tötungsverbrechen 1945–1999, Bd. 36: Die vom 1.9.1971 bis zum 1.2.1972 ergangenen Strafurteile Lfd. Nr. 758-768, Amsterdam 2003, hier: Lfd. Nr. 761.

15 Karl Prefi auch Karol Gustaw Preif oder Fritz Pröfi, SS-Untersturmführer und stellvertretender Kommandant des Arbeitslagers Treblinka I, von den Häftlingen „Der Alte", „Großvater" oder „Taube" genannt; siehe: Michael S. Bryant, Eyewitness to Genocide. The Operation Reinhard Death Camp Trials, 1955–1966, Knoxville TN 2014, 91.

16 Franz Schwarz, SS-Untersturmführer, von den Häftlingen „Henker" genannt, bei der Bahnstation Małkinia tätig.

17 Unterscharführer oder Untersturmführer Lindecke; lt. Dokumenten des Archivs des Wiener Wiesenthal Instituts für Holocaust-Studien (VWI-SWA) ein „SS-Funktionär in der Kanzlei des Arbeitslagers Treblinka": VWI-SWA, I.1., Mappe Treblinka (KZ): Bericht Polizei Israel vom 30. August 1964 sowie ebd., Mappe Treblinka (KZ): Korrespondenz bezüglich nach Zeugen und Unterlagen für Prozesse zu Verbrechen im KZ Treblinka.

18 Międzyrzecz Podlaski, Stadt in der heutigen Woiwodschaft Lublin. Die hier in ein im Sommer 1942 eingerichtetes Durchgangslager bzw. in das Ghetto eingepferchten Juden wurden in mehreren Massentransporten nach Treblinka deportiert. Im Juli 1943 wurde das Ghetto aufgelöst.

19 Częstochowa, eine in der heutigen Woiwodschaft Schlesien, der damaligen Woiwodschaft Kielce in Südpolen gelegene Stadt, war vor 1939 ein bedeutendes jüdisches Zentrum. Wie in allen Städten Polens wurde unter deutscher Besatzung bzw. im ‚Generalgouvernement' auch hier – speziell zur Absonderung der in den Städten und Ortschaften der Umgebung lebenden Jüdinnen und Juden – ein Ghetto eingerichtet. Im Zuge der mithilfe von Trawniki-Männern erfolgten Auflösung des Ghettos ab September 1942 wurden mehr als 40.000 Menschen nach Treblinka verbracht, die verbliebenen mussten Zwangsarbeit in der Rüstungsindustrie leisten. Im Juni 1943 organisierten diese einen Aufstand, in den Kampfhandlungen wurden mehr als 1.500 Ghettoinsassen getötet.

20 Radom, eine Stadt in der heutigen Woiwodschaft Masowien, war während der deutschen Besatzung Sitz des Distrikts Radom im ‚Generalgouvernement'. Im April 1941 wurden hier zwei Ghettos mit mehr als 30.000 Insassen eingerichtet, zwischen August 1942 bis Juli 1944 wurden sie wieder geräumt und deren Insassen nach Treblinka deportiert; siehe: Jacek Andrzej Mlynarczyk, Judenmord in Zentralpolen. Der Distrikt Radom im Generalgouvernement 1939–1945, hg. im Auftrag des Deutschen Historischen Instituts Warschau und der Forschungsstelle Ludwigsburg der Universität Stuttgart (= Veröffentlichungen der Forschungsstelle Ludwigsburg der Universität Stuttgart, Bd. 9), Darmstadt 2007.

21 Grodno, heute: Hrodna in Weißrussland, im Dreiländereck Belarus-Polen-Litauen, einem vor 1939 Polen zugehörigen Gebiet gelegen, wurde im Rahmen des Ribbentrop-Molotow-Paktes im September 1939 von der Sowjetunion annektiert, der Weißrussischen Sowjetrepublik angeschlossen und von Juni 1941 bis Juli 1944 schließlich von der deutschen Wehrmacht besetzt. Unter deutscher Besatzung wurden zwei Ghettos eingerichtet, aus denen mehr als 20.000 Menschen in das Zwischenlager oder direkt in die Vernichtungslager Treblinka oder Auschwitz-Birkenau deportiert wurden, wo fast alle von ihnen ermordet wurden.

22 Wólka Okrąglik, Dorf in der Woiwodschaft Masowien, in der Nähe von Treblinka.

23 Bari, auch Barry, war der Hund von Kurt Franz, dem Kommandanten von Treblinka II. Kurt Hubert Franz (1914–1998), letzter Lagerkommandant des Vernichtungslagers Treblinka (Treblinka II), im (zweiten) Treblinka-Prozess in Düsseldorf 1965 zu lebenslanger Haft verurteilt, 1993 aus gesundheitlichen Gründen entlassen; siehe: Fritz Bauer (Hg.), Justiz und NS-Verbrechen. Sammlung deutscher Strafurteile wegen nationalsozialistischer Tötungsverbrechen 1945–1999, Bd. 22:

Die vom 21.8.1965 bis zum 31.12.1965 ergangenen Strafurteile Lfd. Nr. 596-606, Amsterdam 1981, hier: 602; sowie https://phdn.org/archives/holocaust-history.org/german-trials/treblinka-urteil.shtml (10. Dezember 2019).

24 Erich Raeder (1876–1960), Marineoffizier, ab 1935 Oberbefehlshaber der Kriegsmarine, im Nürnberger Kriegsverbrecherprozess für schuldig gefunden und zu lebenslanger Haft verurteilt, 1955 wegen Krankheit entlassen.

25 Franz Suchomel (1907–1979), SS-Unterscharführer, von August 1942 bis Oktober 1943 in Treblinka bei der Abfertigung der ankommenden Transporte sowie der Konfiszierung und Erfassung der Wertsachen der jüdischen Opfer tätig, wurde vom Landgericht Düsseldorf September 1965 im (zweiten) Treblinka-Prozess zu sechs Jahren Zuchthaus verurteilt, im Dezember 1967 entlassen; siehe: Fritz Bauer (Hg.), Justiz und NS-Verbrechen. Sammlung deutscher Strafurteile wegen nationalsozialistischer Tötungsverbrechen 1945–1999, Bd. 22: Die vom 21.8.1965 bis zum 31.12.1965 ergangenen Strafurteile Lfd. Nr. 596-606, Amsterdam 1981, hier: Lfd. Nr. 602, sowie Endnote 37.

26 Josef Hirtreiter (1909–1978), genannt „Sepp" Hirtreiter (im Text wegen Hörfehlern der Inhaftierten „Zepf"), SS-Scharführer, vom Oktober 1942 bis Oktober 1943 im Lager Treblinka II bei der Überwachung der Entkleidung der Opfer vor deren Vergasung tätig, im März 1951 im ersten Treblinka-Prozess zu lebenslanger Haft verurteilt, 1977 entlassen; siehe: Fritz Bauer (Hg.), Justiz und NS-Verbrechen. Sammlung deutscher Strafurteile wegen nationalsozialistischer Tötungsverbrechen 1945–1999, Bd. 8: Die vom 13.12.1950 bis zum 7.11.1951 ergangenen Strafurteile Lfd. Nr. 260-298, Amsterdam 1972, hier: 272.

27 Domanewka, Dorf im heutigen ukrainischen Oblast Mykolaiiw. Hier errichtete die rumänische Besatzung ein Lager, in das zwischen November 1941 und Januar 1942 rund 20.000 Juden aus Odessa sowie Bessarabien verschleppt wurden. Ab Dezember erfolgten Massenerschießungen durch die Gendarmerie, ein volksdeutsches Sonderkommando sowie die ukrainische Miliz. 18.000 Juden wurden ermordet. Im Februar 1942 wurden die Erschießungen zwar eingestellt, doch starben viele Gefangene infolge von Hunger, Krankheit und Kälte. Das Lager wurde im März 1944 mit etwa 500 Überlebenden befreit; siehe: Diana Dumitru, The State, Antisemitism, and Collaboration in the Holocaust. The Borderlands of Romania and the Soviet Union, Cambridge MA 2016; sowie: Die Verfolgung und Ermordung der europäischen Juden durch das nationalsozialistische Deutschland 1933–1945, Bd. 7: Sowjetunion mit annektierten Gebieten. 1. Besetzte sowjetische Gebiete unter deutscher Militärverwaltung, Baltikum und Transnistrien, München 2011.

28 Bohdaniwka, im heutigen Oblast Mykolaiiw am südlichen Bug gelegen. In der Nähe der Ortschaft errichteten rumänische Behörden im besetzten Transnistrien ein Vernichtungslager für Juden, im Oktober 1941 waren hier 54.000 Menschen inhaftiert, zum Teil aus Odessa, zum Teil aus der unmittelbaren Umgebung. Etwa 48.000 waren nach dem Massaker von Odessa aus der Stadt deportiert worden. Im Dezember 1941 wurden innerhalb von vier Tagen mehr als 30.000 Menschen erschossen, die übrigen ließ man erfrieren. Nach der Befreiung durch die Rote Armee 1945 wurden die Verantwortlichen für das Massaker im ersten Gerichtsverfahren gegen rumänische Kriegsverbrecher vor Gericht gestellt und zum Tode verurteilt. Die Todesurteile wurden später in lebenslange Haftstrafen umgewandelt; siehe:

Diana Dumitru, An Analysis of Soviet Postwar Investigation and Trial Documents and Their Relevance for Holocaust Studies, in: Michael David-Fox (Hg.), The Holocaust in the East, Pittsburgh 2014, 142-157.

29 Maly Trostinec, ein Ort in der Nähe von Minsk, war eine der größten Vernichtungsstätten in der besetzten Sowjetunion und mit insgesamt mehr als 10.000 aus Wien hierher deportierten Jüdinnen und Juden der Ort mit den meisten Opfern der Shoah aus Österreich; siehe: Christine Schindler (Hg.), Deportation und Vernichtung – Maly Trostinec, Wien 2019.

30 Ponary (litauisch: Panierai), ein Vorort von Vilnius, lag unter deutscher Besatzung im ‚Reichskommissariat Ostland'. Hier ermordeten Sipo- und SD-Männer und litauische Hilfskräfte über 100.000 Menschen, meist Juden. Einer der Koordinatoren dieses Massenmordes war Franz Murer (1912–1994); siehe: Christoph Dieckmann, Deutsche Besatzungspolitik in Litauen 1941–1944, Göttingen 2011.

31 Fritz Schmidt (1906–1982), SS-Unterscharführer, wurde im Dezember 1949 in der DDR zu neun Jahren Haft verurteilt, die er aber nie antrat, weil er sich in die BRD absetzte.

32 Mepacrin ist ein Arzneistoff, der historisch zur Therapie und bei der Malariaprophylaxe eingesetzt wurde.

33 Kurt Hubert Franz (1914–1998), letzter Lagerkommandant des Vernichtungslagers Treblinka (Treblinka II), im (zweiten) Treblinka-Prozess in Düsseldorf 1965 zu lebenslanger Haft verurteilt, 1993 entlassen; siehe: Fritz Bauer (Hg.), Justiz und NS-Verbrechen. Sammlung deutscher Strafurteile wegen nationalsozialistischer Tötungsverbrechen 1945–1999, Bd. 22: Die vom 21.8.1965 bis zum 31.12.1965 ergangenen Strafurteile Lfd. Nr. 596-606, Amsterdam 1981, hier: 602.

34 Vermutlich eine Anspielung auf Henry Noel Brailsford (1873–1958). Dass der britische linke Journalist hier so prominent erwähnt wird, dürfte politische Gründe haben. Ursprünglich prosowjetisch, wurde Brailsford zu einem der schärfsten Kritikern des Stalinismus. Dass Grossman ihn als humanen Verteidiger des Nationalsozialismus stilisiert, dürfte wiederum auf Brailsfords Bücher bzw. Pamphlete *Our Settlement with Germany* (1944) bzw. *Making Germany Pay?* (1944) zurückzuführen sein.

35 Gemeint ist wohl Kohlenmonoxid.

36 In einem 1976 heimlich für den Film *Shoah* (Claude Lanzmann, 1985) gedrehten Interview stimmte Franz Suchomel – siehe Endnote 25 – dieses Lied auch an: „Wir kennen nur das Wort des Kommandanten und nur Gehorsamkeit und Pflicht. Wir wollen weiter, weiter leisten, bis daß das kleine Glück uns einmal winkt. Hurrah." Siehe: Zoltán Kékesi, Die Falle der Erinnerung: das „Treblinka-Lied" in Claude Lanzmanns Shoah, in: Csongor Lőrincz (Hg.), Ereignis Literatur. Institutionelle Dispositive der Performativität von Texten, Bielefeld 2011, 331-347; Liedtext in leicht veränderter Form auch abgedruckt in: Wolfgang Benz, Treblinka, in: Ders./ Barbara Distel (Hg.), Der Ort des Terrors. Geschichte der nationalsozialistischen Konzentrationslager, Bd. 8: Riga, Warschau, Vaivara, Kaunas, Płaszów, Kulmhof/ Chełmno, Bełżec, Sobibór, Treblinka, München 2008, 408-443, 424.

37 *Ganz einsam und verlassen* oder *Es war ein Edelweiß*, Text und Musik von Herms Niel (1888–1954), einem der wichtigsten Marschliederkomponisten der NS-Zeit und musikalischem Oberzeremonienmeister der Nürnberger Parteitage der NSDAP.

38 Kosów Lacki, Stadt in der heutigen Woiwodschaft Masowien. Nach der deutschen Besetzung wurde die jüdische Bevölkerung der Stadt, etwa 1.200 Menschen, zwischen dem 22. und 25. September 1942 zum Teil vor Ort ermordet, zum Teil in das zehn Kilometer entfernte Vernichtungslager Treblinka deportiert.

Veröffentlichungen des Wiener Wiesenthal Instituts für Holocaust-Studien (VWI)

Beiträge des VWI zur Holocaustforschung

Band 1
Béla Rásky/Verena Pawlowsky (Hg.)
Partituren der Erinnerung/Scores of Commemoration. Der Holocaust in der Musik/The Holocaust in Music, Wien 2015.
978-3-7003-1921-4
388 Seiten
€ 28,00

Band 2
Regina Fritz/Éva Kovács/Béla Rásky (Hg.)
Als der Holocaust noch keinen Namen hatte/Before the Holocaust had its Name. Zur frühen Aufarbeitung des NS-Massenmordes an Jüdinnen und Juden/Early Confrontations of the Nazi Mass Murder of the Jews, Wien 2016.
978-3-7003-1941-2
458 Seiten
€ 32,00

Band 3
Regina Fritz/Grzegorz Rossoliński-Liebe/Jana Starek (Hg.)
Alma mater antisemitica. Akademisches Milieu, Juden und Antisemitismus an den Universitäten Europas zwischen 1918 und 1939, Wien 2016.
978-3-7003-1922-1
300 Seiten
€ 24,90

Band 4
Johanna Gehmacher/Klara Löffler (Hg.)
Storylines and Blackboxes. Autobiografie und Zeugenschaft in der Nachgeschichte von Nationalsozialismus und Zweitem Weltkrieg, Wien 2017.
978-3-7003-1984-9
260 Seiten
€ 22,00

Band 5
Zuzanna Dziuban (Hg.)
Mapping the ‚Forensic Turn'. Engagements with Materialities of Mass Death in Holocaust Studies and Beyond, Wien 2017.
978-3-7003-2072-2
368 Seiten
€ 28,00

Band 6
Raul Cârstocea/Éva Kovács (Hg.)
Moderne Antisemitismen an den Peripherien. Europa und seine Kolonien 1880–1945/Modern Antisemitisms in the Peripheries. Europe and its Colonies 1880–1945, Wien/Hamburg 2019.
978-3-7003-2074-6
464 Seiten
€ 35,00

Band 7
Peter Black/Béla Rásky/Marianne Windsperger (Hg.)
Mittäterschaft in Osteuropa im Zweiten Weltkrieg und im Holocaust/Collaboration in Eastern Europe during World War II and the Holocaust, Wien/Hamburg 2019.
978-3-7003-2073-9
382 Seiten
€ 29,90

Band 8
Judith Keilbach/Béla Rásky/Jana Starek (Hg.)
Völkermord zur Prime Time. Der Holocaust im Fernsehen/Genocide at Prime Time. The Holocaust on TV, Wien/Hamburg 2019.
978-3-7003-2133-0
406 Seiten
€ 31,00

VWI-Studienreihe

Band 1
Eleonore Lappin-Eppel/Katharina und Johann Soukup (Hg.)
… zu lesen, wenn alles vorüber ist. Rita Maria Rockenbauer, Briefe 1938–1942, Wien 2014.
978-3-7003-1907-8
130 Seiten
€ 19,90

Band 2
Georges Didi-Huberman
Aus dem Dunkel heraus. Brief an László Nemes, Wien 2017.
978-3-7003-1989-4
40 Seiten
€ 4,90

Band 3
Franz J. Gangelmayer/Siegfried Mattl/Gottfried Pirhofer
Wien in der nationalsozialistischen Ordnung des Raums. Lücken in der Wien-Erzählung, Wien 2018.
978-3-7003-2095-1
228 Seiten
€ 32,00

Band 4
Otto Leichter [Georg Wieser]
Ein Staat stirbt. Österreich 1934–38. Nachdruck der Originalausgabe von 1938. Wien 2018.
978-3-7003-2096-8
260 Seiten
€ 19,90

Band 5
Wassilij Grossmann
Die Hölle von Treblinka
Nachdruck der Originalausgabe von 1946. Übersetzt von Lilly Becher, mit einer Einleitung von Dieter Pohl und einem Nachwort von Irina Scherbakowa, Wien/Hamburg 2019.
978-3-7003-2177-4
102 Seiten
€ 12,00

S:I.M.O.N. – Shoah: Interventions. Methods. DocumentatiON

Die elektronische Halbjahreszeitschrift des VWI

VWI's semi-annual e-Journal

Issues/Ausgaben ab/from 2014/1 auf/on:

http://simon.vwi.ac.at